Marlene Fritsch: Verbunden mit Jesus.Komm

Marlene Fritsch

Verbunden mit JESUS.KOMM

Mein Erstkommunionbuch

Schwaben**verlag**

Alle Rechte vorbehalten
© 2010 Schwabenverlag AG, Ostfildern
www.schwabenverlag-online.de

Umschlaggestaltung und Innengestaltung: Finken & Bumiller, Stuttgart
Umschlag- und Innenfotos: Claudia und Ulrich Peters
Gesamtherstellung: Schwabenverlag, Ostfildern
Hergestellt in Deutschland

ISBN 978-3-7966-1412-5

Inhalt

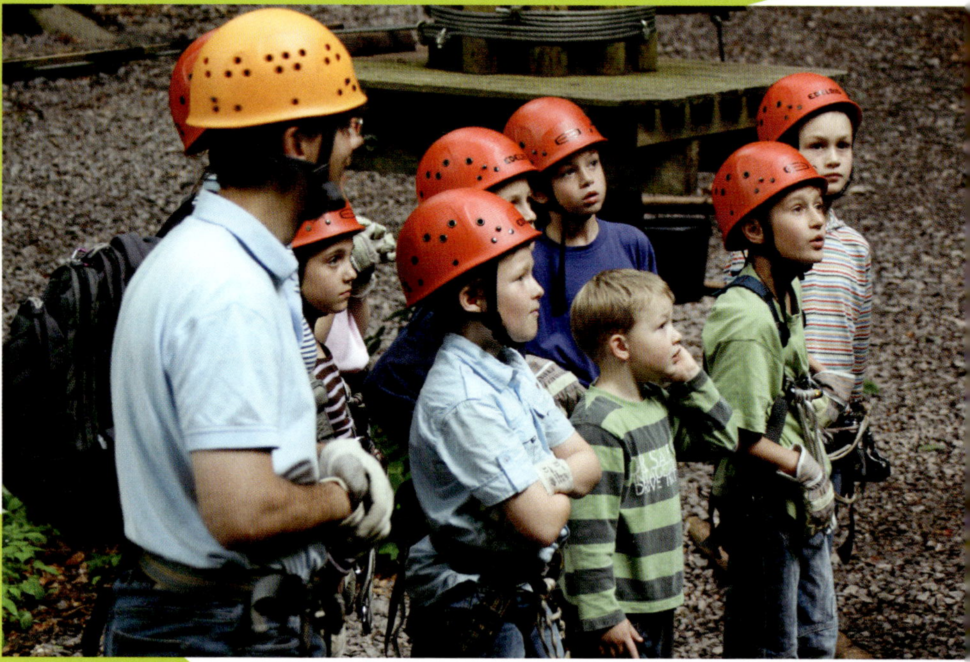

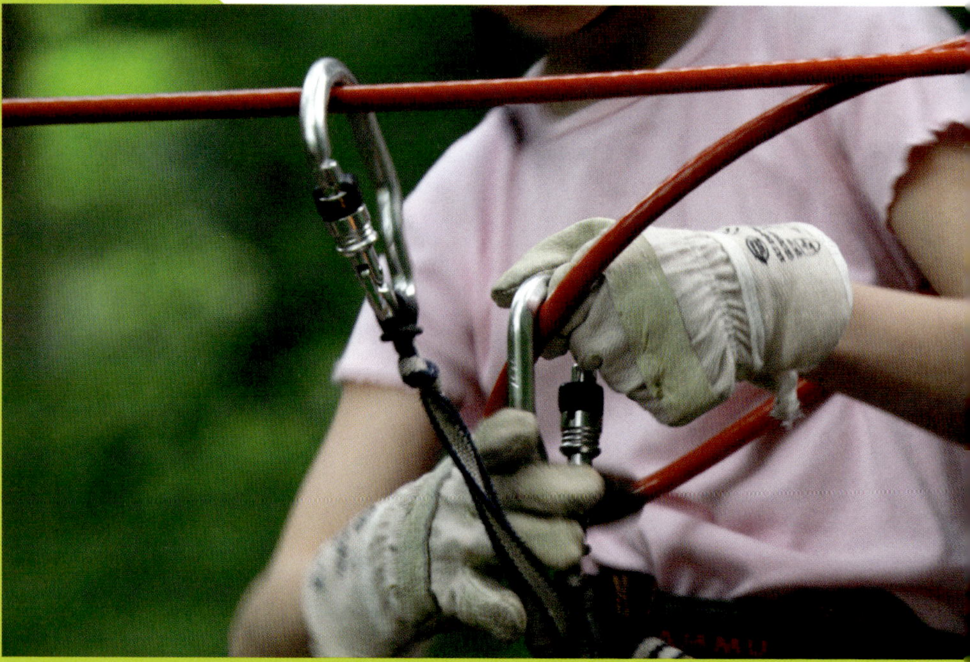

Hey, ich heiße Florian, aber alle nennen mich einfach nur Flo.

Ich gehe in die 3. Klasse der Grundschule und bin dieses Jahr zusammen mit meinen Freunden Jakob, Jens, Ben, Marie, Jojo und Hannah zur Kommunion gegangen.

Wir hatten natürlich auch Kommunionunterricht, aber DAS war vielleicht ein Ding! Stell dir vor, was ich erlebt hab!
Statt einer Einladung zur ersten Gruppenstunde, die eigentlich immer bei Jakob zu Hause sein sollte, flatterte dieser Brief in unseren Kasten:

Lieber Florian!
Als künftiges Kommunionkind begrüßen wir dich ganz herzlich.
Zur ersten Gruppenstunde laden wir dich in den Klettergarten ein.
Du brauchst festes Schuhwerk und ein wenig Mut.
Wir freuen uns auf dich!
Deine Katecheten
Ursel und Bernd

Ich kann dir sagen: Da hab ich ganz schön gestaunt! - und mich natürlich auch sehr gefreut. Ich wollte immer schon mal so richtig klettern!

Aber eins hab ich mich dann schon gefragt: Was, bitteschön, hat denn ein Klettergarten mit der Kommunion zu tun? Hättest du das gewusst?

Na ja, war mir aber erst mal egal. Ist jedenfalls eine coole Idee und macht bestimmt Spaß, hab ich mir gedacht.

Oh - ich muss los, zum Fußball - ich schreib dir bald mehr, wie's weiterging, okay?!

Liebes Kommunionkind,

weißt du, was ein Klettergarten ist? Oder warst du vielleicht sogar schon einmal selbst in einem? Schau dir mal die Bilder hier auf der Seite an, da bekommst du einen Eindruck, wie es da so aussieht und zugeht.

Ich bin übrigens Ursel, die Katechetin von Flo und die Mutter von Flo's Freund Jakob, nur falls du dich fragst, wer dir denn jetzt schon wieder schreibt.

Und von mir stammt auch die Idee, mit den Mädels und Jungs aus der Gruppe erst mal in den Klettergarten zu gehen, ehe wir uns zusammensetzen und auf die Kommunion vorbereiten. Sie kam mir, als ich so über die Kommunion und über Kinder wie dich nachgedacht habe. Ich habe mir überlegt: Eigentlich ist das ja alles ein ganz schön schwieriges Thema, die Geschichte mit Brot und Wein und Jesus und all dem anderen, was da so dazugehört. Und als ich in die Bibel geschaut habe, wurde es auch nicht unbedingt einfacher: Manchmal sind die Geschichten da gar nicht so leicht zu lesen und vor allem nicht so leicht zu verstehen.

Dann habe ich mal genauer hingeschaut, und mir ist was aufgefallen: Jesus hat sich da was Tolles überlegt, um Schwieriges einfacher zu machen und etwas so zu erzählen, dass es wirklich jeder versteht. Kommst du drauf, was das war? Du hast bestimmt auch in deiner Kommuniongruppe davon gehört – ich meine die Gleichnisse! Jesus hat, wenn ihm was zu kompliziert vorkam, einfach gesagt: Mit Gott und den Menschen ist es wie – wie mit einem verlorenen Sohn! Denn Gott hat einfach jeden lieb und freut sich über ihn, auch wenn er mal Mist baut. Erinnerst du dich an das Gleichnis? Jesus nimmt einfach etwas aus unserem Leben, etwas, mit dem wir uns auskennen, was wir selbst schon gespürt haben, und schon wissen wir genau, wovon er redet.

Und da habe ich gedacht: Das ist eigentlich eine tolle Idee, so machen wir das auch! Mit dem Klettergarten ist das nämlich wie mit der Kommunion! – Verstehst du?

Na gut, so einfach zu verstehen ist es dann auch nicht, aber ich denke, gemeinsam kommen wir auf den nächsten Seiten schon dahinter, warum der Klettergarten sozusagen unser Gleichnis ist für die Kommunion. Hast du Lust auf Klettern? Dann komm doch mit uns, sozusagen »auf dem Papier«. Es wird dir sicher fast so viel Spaß machen wie in echt.

Liebe Grüße, deine Ursel

TRAU DICH!

ODER WARUM MAN ZUR KOMMUNION MUT BRAUCHT

Eingang   Ausgang

Hallo, da bin ich wieder, der Flo!

Also, als ich die Einladung dann so auf dem Tisch hatte, hab ich gedacht: Hm, Klettergarten, schon mal gehört, aber wie sieht's da wirklich aus, was macht man da? Dann bin ich zu meinem Papa und wir haben das mal zusammen gegoogelt.

Am liebsten wär ich sofort dorthin und losgeklettert, das hörte sich nach jeder Menge Spaß und Action an. Und ich hab gedacht: Da kannst du auch mal zeigen, was du drauf hast! Sah nämlich nicht so aus, als wäre das babyleicht. Zum Teil muss man da über ganz schmale Stege gehen und das in mehr als 7 Meter Höhe! Aber es gibt zum Beispiel auch ein Tarzan-Seil, da kann man richtig wie der an einer Liane schwingen! Ich konnte mir das alles gar nicht so wirklich vorstellen, aber ich hab am Ende fast die Stunden gezählt, bis es endlich losging.

Na gut, ein bisschen Schiss hatte ich auch, denn so hoch bin ich noch nie geklettert, und wie man da gesichert sein soll, konnte man auf der Internetseite nicht wirklich sehen.

Wenn ich heute dran denke, dann war mir nicht so wirklich klar, was mir da bevorstand. Und ich hätte nicht gedacht, dass es so schwer und so anstrengend ist! Denn so viel kann ich dir verraten: Es sieht leichter aus, als es ist!

Bis bald, dein Flo

Wenn ich das so lese, was Flo dir schreibt, dann fällt mir wieder ein, was mir durch den Kopf ging, nachdem wir die Kommunionkinder in den Klettergarten eingeladen hatten. Ich dachte: Ob da wohl alle mitkommen? Das ist ja trotz allem nicht ganz ungefährlich, man muss schon aufpassen und auch auf sich selbst achtgeben. Und man braucht ganz schön Mut dazu!

Aber dann habe ich mir gesagt: Das sind alles Kinder, die so neugierig sind auf die Welt, die was entdecken wollen – die haben bestimmt alle mehr Lust auf Abenteuer als Angst. Und wenn sich einer doch nicht traut: Wir sind so viele, wir helfen uns einfach gegenseitig, da traut man sich manchmal was, was man alleine nie tun würde.

Es hat dann auch die Mama von Marie angerufen und noch mal nachgefragt, ob das denn nicht zu gefährlich sei für die Kinder. Und Jakob war ziemlich nachdenklich, als wir zu Hause die Prospekte über den Klettergarten ausgebreitet haben und er all die Bilder sah, die du jetzt auch hier auf der Seite sehen kannst. Er meinte dann: »*Mama, meinst du, ich bin schwindelfrei?*« Ich habe ihm geantwortet: »*Na ja, manchmal schwindelst du schon ein bisschen, aber wenn es um das Laufen zwischen den Bäumen geht: Ich glaube, da brauchst du dir keine Sorgen zu machen!*« Da musste er

lachen, und dann war er doch ganz eifrig bei der Planung mit dabei. Auch Maries Mama konnte ich beruhigen. Ich habe ihr gesagt: Erstens sind wir Erwachsenen ja auch noch da und zweitens und wichtigstens: Marie ist ein starkes Mädchen, die kann so viel! Ich trau ihr das zu, wenn sie sich das selbst zutraut! Natürlich traute sich Marie das, sie war ganz empört, dass ihre Mama sie da wohl ziemlich unterschätzte. Aber dann hat ihre Mutter doch eingewilligt, und so durften tatsächlich alle mit.

Jetzt fragst du dich wahrscheinlich immer noch, was das denn wohl mit deiner Kommunion zu tun hat, oder?

Na ja – zur Kommunion zu gehen heißt auch, sich was zu trauen. Denn sich zu Jesus zu bekennen, zu Gott, sich »einzuklinken« in die Gemeinschaft der Christen und ganz bewusst zu sagen: Ich möchte zu euch gehören, das ist schon ein Schritt, für den man mutig sein muss. Vielleicht war das bei dir auch so: Nicht alle Kinder in deiner Klasse sind zur Kommunion gegangen. Manche wohl deshalb, weil sie anders glauben, einer anderen Religion angehören, zum Beispiel dem Islam. Aber vielleicht gab es auch ein paar, die dich damit aufgezogen haben, dass du zur Kommunion gehst . Sie haben dich gefragt: Was willst du denn da, was soll das bringen? Und wer soll denn dieser Jesus sein? Der ist doch schon lange tot!

Da braucht es Mut zu sagen: Das stimmt nicht! Und: Ich will mehr erfahren über ihn! Ich will dabei sein, dazugehören zu der großen Gemeinschaft. Ich will wissen: Wer war Jesus, was hat er, obwohl er vor so vielen Jahren schon gelebt hat, mit meinem Leben heute zu tun? Und: Ändert sich was durch meine Kommunion? Ist irgendwas anders als vorher?

DIESES LIED HABEN WIR IMMER IN DER KOMMUNION-GRUPPE GESUNGEN. ES MACHT MUT, WENN MAN WAS GANZ NEUES ANFÄNGT ODER MAN NICHT SO GANZ WEISS, WAS EINEN JETZT ERWARTET. VERSUCH ES DOCH AUCH EINMAL ZU SINGEN, OB ALLEIN, MIT DEINEN FREUNDEN ODER MIT DEINER FAMILIE.

♫ LIED ➲ BRICH AUF, BEWEGE DICH

Brich auf be - we - ge dich,
denn nur ein ers - ter Schritt ver -
än - dert dich, ver - än - dert mich,
brich auf, be - we - ge dich. Brich

Stellt dir vor: Den Freunden von Jesus ging das damals schon ganz genauso. Als Jesus sie gefragt hat, ob sie mit ihm kommen, mit ihm unterwegs sein wollen, da standen sie sogar noch vor einer viel größeren Entscheidung: Sie mussten ihr altes Leben aufgeben. Sie haben als Fischer gearbeitet, und als Jesus kam und sie gefragt hat, da haben sie einfach alles stehen und liegen lassen, ihre Netze, ihre Boote, einfach so, mitten in der Arbeit. Sie sind sogar von zu Hause weggegangen, weil sie so neugierig waren auf Jesus, dass sie einfach mit ihm gehen mussten. Das war ganz schön mutig, denn sie wussten ja damals gar nichts über ihn und auch nicht, wovon sie denn dann leben sollten, wenn sie mit ihm unterwegs sind. Sie hatten ja sozusagen »gekündigt« und gingen nicht mehr zur Arbeit.

Und später, als sie mit ihm durch Galiläa zogen, mussten sie sich auch oft von anderen aufziehen lassen, weil sie mit Jesus gingen, weil sie ihn zum Freund hatten. Denn er hat Menschen zu Hause besucht, mit denen sonst niemand was zu tun haben wollte. Er hat sie sogar zum Essen eingeladen oder sich einfach zu ihnen an den Tisch gesetzt. Und seine Freunde machten das Gleiche. Da haben manchmal die anderen mit dem Finger auf sie gezeigt und sie ausgelacht oder beschimpft.

WENN DU NACHLESEN MÖCHTEST, WIE DAS DAMALS MIT DEN FREUNDEN VON JESUS WAR, DANN SCHAU MAL HIER:
➲ MATTHÄUS 4,18–22 ODER MATTHÄUS 9,9–13.

Aber sie haben sich nicht davon abbringen lassen. Sie waren sehr mutig und sehr neugierig auf Jesus. Und ein bisschen ähnlich fühlt sich das eben auch an, wenn man zum ersten Mal in einen Klettergarten geht.

Und wie's da zugeht, das erzähl ich dir beim nächsten Mal!
Deine Ursel

HOCH HINAUS

ODER WARUM VORSICHT BESSER IST ALS NACHSICHT

Hallo du,

ich wollte dir doch noch erzählen, wie es im Klettergarten war.

Also: Wenn du denkst, man kann da einfach so anfangen zu klettern und zu hangeln, dann hast du dich geschnitten. Die erste Stunde haben wir erst mal nur damit verbracht, uns vorzubereiten.

Jakob und ich, wir haben uns gegenseitig geholfen, den Klettergürtel mit all den Schlingen korrekt anzuziehen und festzuzurren, unsere Helme mussten genau sitzen und die Handschuhe sollten auch nicht zu groß sein … Wir sahen vielleicht aus! Wie so echte Bergsteiger oder Abenteurer. Wir haben uns kaputtgelacht - vor allem über diesen komischen Helm, das sah einfach zu doof aus.

Aber dann kam Manuel, der Kletterführer, und hat uns gezeigt, wofür wir das ganze Zeug brauchen und warum es wichtig ist, alles genau so zu machen, wie er uns das vormacht. Anschließend sollten wir dann in einem kleinen Parcours gleich mal zeigen, ob wir alles verstanden und vor allem behalten hatten.

Und ausgerechnet mich sucht er dann raus! Ich sollte zeigen, wie man sich mit den Karabinern (das sind so Haken, um was festzumachen) einhakt und sichert und so. Und dann sollte ich auch noch ein Stück mit der Seilbahn fahren! Da ist mir ganz schön das Herz in die Hose gerutscht. Erstens wollte ich mich AUF KEINEN FALL blamieren vor den anderen. Und außerdem war alles auf einmal gar nicht mehr so lustig - ich hatte schon ein bisschen Angst davor, runterzufallen. Die anderen waren plötzlich auch ziemlich still, als ich da so stand und dann über dem Boden hing …

Aber sicher fragst du dich jetzt, ob ich es dann geschafft habe mit der Seilbahn. Und ob ich mir tatsächlich all das merken konnte, was Manuel uns gesagt hatte - erzähl ich dir noch, aber erst in der nächsten Mail!

Dein Flo

Zum verabredeten Termin waren alle pünktlich da – und sehr, sehr aufgeregt! Zu unserer Gruppe gehörten außer Flo noch sein bester Freund und unser Sohn Jakob, Ben, der eigentlich Benjamin heißt, Jens, Hannah, Marie und Johanna, die alle nur Jojo nennen. Alle hüpften auf und ab und schnatterten wild durcheinander, weil keiner so richtig wusste, was ihn denn erwartet. Die meisten hatten es wie Flo gemacht und mit ihren Eltern gegoogelt, was denn wohl ein Klettergarten ist, aber jetzt wirklich dort zu sein war dann doch nochmal was anderes.

WEISST DU JETZT, WAS EIN KLETTERGARTEN IST? WENN NICHT, MACH'S WIE DIE ANDEREN: GIB ALS SUCHWORT BEI GOOGLE EINFACH »KLETTER-GARTEN« EIN. ODER SCHAU DIREKT BEI EINEM GANZ BESTIMMTEN NACH, ZUM BEISPIEL HIER:
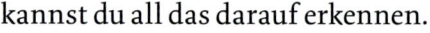 WWW.ABENTEUER-IM-WALD.DE

Als wir alle angemeldet und die Eintrittskarten bezahlt waren, kam der Kletterführer. Manuel hieß er, und er steckte schon in voller Ausrüstung. Nach der Begrüßung mussten wir erst einmal alle in die »Kleiderkammer«, wo die Ausrüstung aufbewahrt wird. Der ganze Raum war voll mit Seilschlingen, Klettergürteln, Karabinern, Handschuhen – und die ganze Decke hing voller Helme! Wenn du mal die Bilder anschaust, kannst du all das darauf erkennen.

Jeder bekam seine Ausrüstung zugeteilt, und dann half uns Manuel und wir uns gegenseitig beim Anziehen. Mit dem Helm konnte ich mich auch nicht anfreunden, man sieht schon ziemlich seltsam damit aus und außerdem juckt und kneift er unterm Kinn. Aber ohne darf man nicht auf die Klettergerüste.

Dann wurde es ernst: Manuel führte uns zu einem kleinen Kletterparcours, der nur knapp über dem Boden verlief. Er kletterte die Leiter hoch und sagte uns dann, dass es ganz wichtig ist, dass jetzt alle zuhören. Denn was er uns da zeigte, war ja sozusagen lebenswichtig: Wenn wir später nicht mehr gewusst hätten, was er gesagt hat, dann hätte es uns passieren können, dass einer von uns abstürzt und sich wer weiß was bricht. Er zeigte uns dann erst mal das Wichtigste von allem: Das Einklinken. Wir alle steckten ja in einem Klettergürtel. Das ist so ein Hüftgürtel, den man fast wie eine Hose anziehen kann. Vorne dran sind zwei längere Seile, an denen Karabiner befestigt sind. Die haben so einen Schnappverschluss, den zieht man runter, und dann klinkt man sich ein. Das heißt: Die beiden Karabiner werden in ein Halteseil eingehängt, das einen immer begleitet, sobald man in der Luft ist, über ein Hindernis geht oder mit der Seilbahn fährt. Es sorgt dafür, dass man auch aus der größten Höhe nicht runterfällt, sondern schlimmstenfalls nur an ihm hängenbleibt. Dann sitzt man in seinem Klettergürtel wie in einer Schaukel und baumelt über dem Abgrund – ein witziges Gefühl, aber beim ersten Mal kribbelt es ganz schön im Magen, wenn einem das passiert.

Jedenfalls erklärte uns Manuel, dass es ganz wichtig sei, niemals beide Karabiner gleichzeitig aus dem Halteseil zu lösen, sondern immer zumindest mit einem eingeklinkt zu bleiben. Das konnte man sich einfach merken, aber wenn man dann mal da oben steht, muss man ganz schön überlegen: Wie war das jetzt? Was muss ich zuerst tun? Und so ging es Flo ja dann auch, als er uns allen das vormachen musste. Aber er hat's wirklich gut hingekriegt und hatte sich alles richtig gemerkt. Nur vor dem Fahren mit der Seilbahn hat er doch ein bisschen gezögert. Mir hat das am allerbesten von allem gefallen, wenn man sich mal dazu überwunden hat. Schau dir mal das Foto an, vielleicht kannst du dir dann besser vorstellen, wie das aussieht.

Aber wenn man dann auf die nächste Plattform zusaust, muss man sich selbst auch wieder abbremsen, damit man nicht mit voller Wucht an den Baum klatscht. Und wenn man da keine Handschuhe anhätte, wären die Finger schneller wund, als man gucken kann.

Nach Flo kam Hannah dran, dann Jens, Marie, Jojo und Jakob, und am Ende mussten Bernd und ich natürlich auch noch ran und zeigen, ob wir alles verstanden hatten. Endlich konnten wir dann aber zum ersten »richtigen« Kletterparcours aufbrechen.

Und du fragst dich jetzt sicher wieder, was das alles mit der Erstkommunion zu tun hat! Eigentlich ist es ganz einfach. Zum Klettern muss man sich vorbereiten: Handschuhe anziehen, Helm, Klettergürtel. Beim Klettern braucht man jemanden, der einem zeigt, wie's geht, jemand, der das schon länger macht und sich damit auskennt. Der muss einem dann auch sagen, was man darf und was nicht, also die Regeln nennen – nicht weil er Spaß am Verbieten hat, sondern weil er möchte, dass man das Klettern heil übersteht, dass man sich nicht wehtut und auch die anderen nicht gefährdet. Beim Klettern braucht man auch ein Ziel als Ansporn, etwas, was man erreichen

möchte. Und beim Klettern ist man letztlich auf sich selbst gestellt, das heißt: Man ist selbst dafür verantwortlich, dass man den Karabiner richtig zu macht, dass man eingeklinkt und gesichert ist. Natürlich kann man das mal vergessen, und dann ist es gut, andere dabei zu haben, die da mit ein Auge drauf haben und mithelfen, dass nichts passiert. Aber man muss von Anfang an den Mut haben, sich das selbst zuzutrauen und auch nicht die anderen dafür verantwortlich zu machen, wenn es schiefgeht. Jeder muss da selbst mit aufpassen.

Am Anfang habe ich dir geschrieben: Wenn es schwierig wurde, hat Jesus immer ein Gleichnis erzählt, er hat gesagt: »*Das ist wie wenn ....*« So ist es hier auch: Wie mit dem Klettern, so ist es auch mit Jesus, mit den Christen, mit den anderen Menschen: Jesus ist sozusagen unser Halteseil, das uns alle verbindet. Durch ihn gehören wir zu einer »Seilschaft«, einer Gemeinschaft, in der alle am selben Faden hängen, deren roter Faden (oder rotes Seil) in ihrem Leben Jesus ist. In diese Gemeinschaft klinken wir uns durch die Kommunion ein. Die Kommunion ist also sozusagen unser Karabiner, das, was uns die Gemeinschaft mit den anderen Christen schenkt. Und auch in dieser Gemeinschaft gibt es Regeln, die verhindern, dass einer aus ihr herausfällt, dass er nicht gesichert ist und abstürzt. Wenn man sich an sie hält, kommt man sicher an seinem Ziel an, dann erreicht man das, was man sich vorgenommen hat, ohne dass man sich selbst wehtut. Und man bringt auch niemand anderes in Gefahr. Diese

Regeln sind die Zehn Gebote. Die habt ihr bestimmt auch im Kommunionunterricht besprochen.

WEISST DU NOCH EIN PAAR DER ZEHN GEBOTE? SCHREIBE DIE AUF, DIE DIR EINFALLEN, UND FRAG MAL DEINE ELTERN, GESCHWISTER, OMA, OPA …, OB SIE DIR HELFEN, DIE ÜBRIGEN ZUSAMMENZUTRAGEN. SCHAFFT IHR ALLE ZEHN?

Es gibt aber noch ein paar mehr Regeln, die helfen, dass man nicht abstürzt und ein Teil dieser Seilschaft bleibt. Eine davon war Jesus besonders wichtig: »*Du sollst deinen Nächsten lieben wie dich selbst.*«

KANNST DU DIR VORSTELLEN, WAS DAS HEISST: »DU SOLLST DEINEN NÄCHSTEN LIEBEN WIE DICH SELBST?« WENN NICHT, SCHAU MAL IN DIE BIBEL, WAS JESUS DARUNTER VERSTANDEN HAT: ➡ LUKAS 10,25–37; MATTHÄUS 25,35–40.

IN LUKAS 10, 25-37 GEHT ES UM DAS GLEICHNIS VOM BARM-
HERZIGEN SAMARITER. ERINNERST DU DICH AN DEN TEXT?
➡ HIER IST PLATZ, UM ETWAS ZU MALEN ODER EINZUKLEBEN.
VIELLEICHT SCHAUST DU MAL IN DIE ZEITUNG, OB DU DA EINE
MELDUNG FINDEST, DIE ZUM GLEICHNIS VOM BARMHERZIGEN
SAMARITER PASST?

Und noch ein paar Regeln hat Jesus seinen Freunden und den Menschen, die ihm zuhörten, mit auf den Weg gegeben: Tu Gutes, auch denen, die dir nicht unbedingt gut wollen; sei barmherzig; schlag nicht zurück, wenn dich jemand schlägt, weil das deine Probleme nicht löst; gib denen, die dich um etwas bitten; wenn du nicht willst, dass dich jemand anderes belügt oder ungerecht zu dir ist, dann lüg auch ihn nicht an und sei nicht ungerecht zu ihm.

DIE ANDEREN REGELN KANNST DU NACHLESEN IN ➔ LUKAS 6,27–45.

Das alles sind Regeln, die helfen, dass weder man selbst noch andere abstürzen. Sie sind der rote Faden, das rote Seil, damit sich jeder in der Gemeinschaft, in der er lebt, auch wohlfühlen kann. Manchmal ist es mit den Regeln wie mit dem Karabiner: Man vergisst, wie das richtig ging mit dem Einklinken, man macht ihn falsch oder gar nicht zu. Dann ist es gut, wenn andere mich daran erinnern, ein Auge auf mich haben. Und bei den Regeln ist es gut, wenn mich manchmal jemand daran erinnert, wenn ich gerade dabei bin, etwas falsch zu machen. Es ist auch gut, wenn die anderen da sind, um mich aufzufangen, falls ich danebentrete und falle oder wenn ich mich nicht mehr halten kann. Aber dazu muss ich eben eingeklinkt sein, sonst funktioniert das nicht.

Und wenn alle spüren, dass sie zusammen- und dazugehören in dieser Gemeinschaft und auch aufeinander achtgeben, dann macht es ganz großen Spaß, gemeinsam unterwegs zu sein und ein Ziel zu erreichen. Es ist toll, ein Hindernis zu überwinden, den Seiltanz zu schaffen, nicht herunterzufallen und zu spüren: Ich kann was, ich schaff das allein, aber es ist toll, dass die anderen da sind, dass ich mich auf sie verlassen kann, dass ich weiß: Ich bin gehalten.

Hast du das bei deiner Kommunion auch gespürt?
Liebe Grüße, deine Ursel

DU MUSST NUR EINFACH LOSGEHEN

ODER WARUM DER ERSTE SCHRITT DER WICHTIGSTE IST

30

Hey!

Eigentlich muss ich ja noch Hausaufgaben machen, aber ich will dir doch erst noch schreiben, wie's mit dem Klettern war.

Also: Als Manuel dann auf mich gezeigt hat, dass ich das allen mal vormachen soll, hätte ich am liebsten gesagt: Och nö, frag mal den Ben, der hat immer die große Klappe, wie toll er ist, soll der das zeigen. Und dann dachte ich: So'n Quatsch, ich bin doch nicht blöd, ich kann das doch! Also bin ich die Leiter raufgeklettert, hab mich eingeklinkt, wie Manuel uns das gezeigt hat, und bin über die Bretter gelaufen, die auf die beiden Stahlseile montiert waren. Und weil das so gut geklappt hat, bin ich gleich weiter zur Seilbahn und ein Stück damit durch die Luft gesegelt - mann, ging das ab!

Als ich wieder unten war, haben alle geklatscht. Das war so klasse, ich wollte sofort weiter auf einen richtigen Kletterpfad, nicht nur so was für Babys. Aber ich musste warten, bis alle gezeigt hatten, dass sie es verstanden haben.

Als wir dann endlich weiter durften, hatte ich überhaupt keine Angst mehr, die Leiter hochzuklettern und einfach loszulegen. Ich wusste ja, dass mir nichts passieren kann. Und ich hatte voll Bock auf das Gefühl, zwischen den Bäumen zu laufen wie so ein Eichhörnchen! Und jetzt mal ohne mich hier in den Himmel loben zu wollen: Ich wusste gar nicht, dass ich so gut bin im Klettern. Ich bin immer vorneweg und hab dann auf der nächsten Plattform am Baum geschaut, wie die anderen sich so anstellen. Und ausgerechnet Ben, der große Ben, der immer alle auslacht, die noch nie mit ihren Eltern in den Urlaub geflogen sind oder im Europapark auf der Achterbahn waren, hat sich fast in die Hose gemacht vor jedem Schritt!

Du kannst dir gar nicht vorstellen, wie unterschiedlich man von einem Baum zum nächsten gehen kann! Aber das erzähle ich dir beim nächsten Mal. Und jetzt mach ich Hausaufgaben, bäh …

Dein Flo

Tja, genau so war's dann: Flo, Jens, Jakob und die Mädels hatten sich vorher die Köpfe heiß geredet, ob sie sich trauen würden, »in der Luft« zu laufen und ob das wohl Spaß macht. Nur Ben bekam den Mund nicht zu darüber, wie einfach das doch alles wäre und dass er ja schon auf der Achterbahn war, die eigentlich erst ab 12 Jahren zugelassen ist, blablabla ... Einerseits war er dann tatsächlich der Einzige, der vor lauter Reden über seine Heldentaten nicht mitbekommen hatte, wie das mit den Karabinern funktioniert, und zweitens hatten wir ganz schön Mühe, ihn dazu zu bewegen, loszugehen. Beim Übungsparcours war das ja noch eher Spaß und bei etwa einem Meter über dem Boden konnte auch er noch lachen. Aber als wir dann die Leiter zum ersten Kletterpfad rauf auf die Plattform gestiegen sind, wurde es plötzlich ziemlich ernst. Er hatte wirklich Angst, das habe ich gespürt.

Das Schwierige dabei ist: Es darf immer nur einer auf dem Seil oder den Brettern zwischen zwei Bäumen sein, wir konnten ihn also nicht an die Hand nehmen, er musste es selbst schaffen. Alles, was wir tun konnten, war, ihm Mut zu machen, ihm zu sagen: »*Ben, wir wissen, dass du das kannst, los, trau dich!*«

Am Anfang hatte das überhaupt keinen Zweck. Stattdessen hielt er mir einen Vortrag darüber, dass man ja gar nicht wirklich davon ausgehen kann, dass die Seile halten, dass die

Karabiner nicht kaputt sind, dass die Bäume nicht umknicken usw. Dass er nicht noch von einem Erdbeben ausging, das die Bäume zum Fallen bringen könnte, war schon fast ein Wunder. Er hat dann alle anderen vorgelassen und ihnen zugesehen, wie sie einen Fuß vor den anderen gesetzt haben, sehr konzentriert, oft wackelig und auch mal mit einem Ausrutscher. Aber dann hat sie das Seil tatsächlich gehalten und sie sind einfach wieder »aufgestiegen« und weitergegangen.

Dann waren wir nur noch zu zweit auf der ersten Plattform, er und ich. Die anderen waren schon weiter und probierten einen Weg nach dem anderen aus. Sie riefen ihm immer wieder zu: *»Ben, jetzt komm schon! Es ist so toll hier, das musst du sehen! Guck mal: Wir haben das alle geschafft und das Seil hat gehalten, das kannst du auch!«* Und plötzlich hat er ganz tief eingeatmet, den Rücken durchgestreckt und ist losgegangen. Er hat ein bisschen gequietscht zwischendurch, und es klang nicht immer so, als würde er das vor Vergnügen tun, aber als er auf die Plattform am nächsten Baum stieg, da hat er gelacht und gestrahlt, wie ich das noch selten auf seinem Gesicht gesehen habe. Er war nicht nur erleichtert, dass er es geschafft hatte, sondern hat sich einfach gefreut wie ein Schneekönig, dass er sich überwunden und sich das getraut hatte. Danach war er kaum mehr zu bremsen, er wollte immer weiter, immer Neues ausprobieren. Seine Angst war beinah wie weggewischt.

Das zu erleben tat mir fast genauso gut wie Ben selbst. Es war einfach schön, mit anzusehen, wie sehr es einen Menschen verändert, wenn er seine Angst überwindet und einfach losgeht, einfach etwas tut statt darüber zu reden oder zu viel darüber nachzudenken.

Aber das ist ja auch nicht nur beim Klettern so. Kennst du das auch? Manchmal hat man vor einem Diktat oder einer Mathearbeit Angst, weil man denkt: Oje, ich kann das nicht oder ich bin so aufgeregt, ich kann mich gar nicht konzentrieren und weiß gar nichts mehr. Eigentlich ist es ganz oft so, wenn man irgendwas zum ersten Mal macht. Man weiß ja nie so genau, wie das dann wird. Wenn man zum Beispiel zum ersten Mal vom 3-Meter-Brett im Schwimmbad springt, weiß man nie, ob man sich nicht vielleicht wehtut dabei. Wenn man zum ersten Mal allein mit dem Zug oder dem Bus irgendwohin fährt, weiß man ja nicht, ob man vielleicht an der falschen Haltestelle aussteigt oder den Weg zurück nicht mehr findet. Oder wenn man ganz neu in einen Verein kommt, ob zum Fußballspielen oder zum Reiten, dann kennt man die Menschen da nicht und weiß nicht, ob die einen wohl mögen und ob man selbst sie denn mag. Es hat auch keinen Zweck, sich vorher alles bis ins Detail auszumalen, was Schreckliches passieren könnte, dass ich beispielsweise überfahren werden könnte, vom Baum fallen, ertrinken, mir ein Bein brechen ... Ja, das könnte alles passieren – muss es aber nicht und tut es in den seltensten Fällen. Es hilft auch nicht, mir theoretisch zu überlegen, wie es wohl ist, in einer Mannschaft zu spielen und ein Match zu verlieren oder zu gewinnen.

Denn bei all dem ist es doch so: Wenn man es nicht ausprobiert, dann kann man auch nicht rausfinden, ob man nicht vielleicht völlig umsonst Angst hatte und es stattdessen einfach toll ist, neue Menschen kennenzulernen, durch die Luft zu fliegen und ins Wasser zu platschen oder festzustellen: Toll, das kann ich schon ganz allein, ohne irgendeinen Erwachsenen!

Und genauso wie es bei Ben war, ist es bei fast allem, was wir zum ersten Mal machen: Das Allerwichtigste ist tatsächlich der erste Schritt, das Anfangen, das Tun. Das verändert alles. Wenn man dann merkt: Hey, das kann ich ja!, dann wird es auch immer einfacher, mal was Neues auszuprobieren. Dann wird die Angst kleiner und die Neugier größer. Man denkt dann nicht mehr: Wie soll das werden, das kann ich nicht!, sondern eher: Wie spannend! Beim letzten Mal konnte ich es auch, das trau ich mir zu!

Dazu braucht man aber nicht nur das Vertrauen in sich selbst, sondern auch ein bisschen was von der Überzeugung: Mir wird schon nichts passieren. Ich weiß zwar, dass es überall Gefahren gibt, aber erstens haben das schon ganz viele Menschen vor mir gemacht und es heil überstanden, zweitens gibt es jemanden, der seine Hand über mir hält, der bei mir ist und mich beschützt. Oft sind das deine Eltern, Paten, Oma oder Opa, die auf dich aufpassen, aber wenn du so ganz allein entscheiden musst, ob du etwas tust oder nicht, dann kannst du darauf vertrauen: Du bist nicht allein. Gott ist bei dir und hält dich in seiner Hand.

ERINNERST DU DICH AN EIN PAAR GELEGENHEITEN, WO DU IRGENDWAS ZUM ERSTEN MAL GEMACHT HAST? SCHREIB SIE HIER AUF! WEISST DU AUCH NOCH, WIE DU DICH DABEI GEFÜHLT HAST, OB DU ANGST HATTEST ODER DICH DARAUF GEFREUT HAST? SCHREIB AUCH DAS DAZU!

ALS ICH ZUM ERSTEN MAL

- -

- -

HAB ICH MICH SO GEFÜHLT:

- -

- -

- -

Das heißt nicht, dass du jetzt leichtsinnig werden musst und von einer 10 Meter hohen Mauer springst, weil du denkst: Gott wird schon aufpassen, dass mir nichts passiert! Das ist mit dem Vertrauen in Gott nicht gemeint, denn Gott ist kein Zauberer, der in jedem gefährlichen Moment den richtigen Zauberspruch aufsagt, und alles wird gut. Aber Gott ist jemand, dem du deine Angst anvertrauen kannst und den du darum bitten kannst, dir den Mut zu schenken, jetzt den ersten Schritt zu gehen. Was aber auch nicht heißt, dass dir dann alles, was du versuchst, tatsächlich gelingt. Denn Gott ist genauso wenig ein Glücksbringer oder eine gute Fee, der aus dir den Superstar macht und dir jeden Wunsch erfüllt.

Aber Gott ist jemand, der dich liebt, so wie du bist. Ihm ist es egal, ob du dich gleich beim ersten Mal traust, vom 3-Meter-Brett zu springen oder ob du doch noch mal runtergehst und erst in ein paar Wochen den Mut dazu hast. Und wenn du merkst: Das mit dem Fußballspielen ist einfach nicht mein Ding, ich mach das zwar gern, aber die anderen sind viel besser als ich, und das ist einfach nicht mein größtes Talent, dann liebt er dich genauso wie vorher. Und das Besondere: Du brauchst ja nicht nur Mut, um etwas zum ersten Mal zu tun. Es braucht noch viel mehr Mut, mit irgendwas wieder aufzuhören und zuzugeben: Das war's nicht, das kann ich wirklich nicht. Auch und gerade dann ist Gott bei dir. Er ist einfach jemand, der es gut mit dir meint und dir ganz viel zutraut. Und deshalb kannst du dich auch in solchen Augenblicken drauf verlassen, dass er bei dir ist.

Das war auch das Motto von Jesus: Tun statt reden! Den ersten Schritt wagen, damit sich etwas verändert. Den Menschen etwas zutrauen, ihnen Mut machen, ihnen helfen, Neues zu wagen. Aber gerade deswegen hat er sich oft mit denen gestritten, die lieber über Menschen geredet haben, anstatt ihnen zu helfen, die die Regeln und Gesetze auswendig kannten und immer nur die Gefahren gesehen haben, statt auch mal den Menschen Mut zu machen, neue Wege zu gehen.

NACHLESEN KANNST DU DAS UNTER ANDEREM IN DER GE-
SCHICHTE VOM BARMHERZIGEN SAMARITER (LUKAS 10,25–37),
IN DER VON ZACHÄUS (LUKAS 19,1–10) UND IN DER GESCHICHTE
VON DER BEGEGNUNG JESU MIT DER SAMARITERIN AM BRUNNEN
(JOHANNES 4,6–26). ➡ HIER IST PLATZ, UM ZU EINER DER
GESCHICHTEN EIN BILD ZU MALEN.

Daher kannst du ihn dann auch bitten, dir das Vertrauen und den Mut zu schenken in einem solchen Moment. Oder wenn du siehst, dass es einem Freund oder jemandem aus deiner Familie genauso geht, dann kannst du ihn auch bitten, dass er bei diesem Menschen ist und ihn so stark macht wie dich. Die Erwachsenen sagen dann oft »beten« dazu, wenn sie so zu Gott sprechen. Sie nennen das »Fürbitte« oder auch »Segensbitte«, weil sie für einen anderen Menschen um etwas bitten oder möchten, dass Gott diesen segnet. Gott ist es egal, wie man das nennt und wie oder mit welchen Worten man das sagt, was einem gerade auf dem Herzen liegt.

Zum Schluss für heute findest du hier noch ein Segensgebet. Du kannst es als Bitte an Gott für dich lesen, aber auch als Segen für einen anderen Menschen, an den du gerade denkst und dem du wünschst, dass er so wie Ben den Mut findet, etwas Neues zu wagen.

Deine Ursel

SEGEN

Geh deinen Weg.
Es wird immer deiner sein,
wohin immer er führt.
Lass dir Zeit, nachzudenken,
zu fragen, zu erinnern, abzuwägen.
Geh deinen Weg.
Überstürze dich nicht.
Lass dich nicht aufhalten.
Wenn möglich, geh nicht allein.
Wenn nötig, trenne dich.

Auf deinem Gesicht liegt der Glanz Gottes.
In deinem Herzen schlägt die Liebe Gottes.
Aus deinen Händen entstehen Wunder Gottes.
Deine Füße reichen weit
und sind tapferer als deine Pläne.
Deine Arme sind lang genug,
um wenigstens einen Menschen zu umarmen.

Geh mutig deinen Weg.
Auf dir ruht der Segen Gottes.
Amen.

SEILTÄNZER

ODER WARUM DU VIEL MEHR KANNST, ALS DU DENKST

Eingang   Ausgang

Hi du!

Heute ist Freitag, juchu! Morgen ist frei! Deshalb hab ich auch Zeit, dir wieder ein bisschen was vom Klettern zu erzählen.

Wo war ich? Ach ja, eigentlich habe ich dir das Beste noch gar nicht erzählt, nämlich: Wie das in den Bäumen auf den ECHTEN Kletterpfaden dann so abging. Nachdem wir also die Leiter raufgeklettert sind (ziemlich steil, das Ding), kam man auf ein Podest, wo so Bretter um den Baumstamm befestigt waren. Da konnte man drauf stehen und es sah ein bisschen aus wie ein Floß, bloß dass Luft und kein Wasser drunter war. Von da aus musste man irgendwie zum nächsten Baum. Ich wusste gar nicht, dass man auf so verschiedenen Wegen durch die Luft gehen kann! Und von unten sieht alles supereinfach aus, aber da musst du stark sein wie Obelix, um da durchzukommen! Leider hatte ich keinen Zaubertrank bekommen, und am Ende vom ersten Pfad war ich schon mal ziemlich alle.

Mir hat's von Station zu Station mehr Spaß gemacht. Aber man muss höllisch aufpassen und darf sich auch nicht von den anderen ablenken lassen, sonst tritt man daneben und hängt im Seil. Das ist zwar nicht schlimm, aber irgendwie wollte ich mir schon beweisen, dass ich ein Seiltänzer bin und eben NICHT runterfalle.

Aber einmal, da wollten Jakob und ich dann unbedingt auf einen schwereren Kletterpfad. Der erste Pfad war ganz einfach gewesen, und wir dachten echt: Das packen wir locker, kein Problem. Als wir dann aber auf der Leiter standen, die bis auf 10 Meter raufging, haben wir auf einmal doch beide Schiss gekriegt und ich hab ganz leise zu Jakob gesagt: »Du, das ist mir jetzt doch zu hoch.« War gar nicht so einfach, das vor den anderen zuzugeben. Na ja, aber besser so als wenn uns der Kletterführer dann irgendwo mittendrin hätte aus den Bäumen fischen müssen, das wäre mir noch viel peinlicher gewesen.

Und die Zeit ging an dem Tag so schnell rum - ich hab kein einziges Mal auf die Uhr geschaut! Irgendwie ganz anders als in der Schule…

Aber am Wochenende rennt die Zeit genauso! Und deshalb hör ich jetzt auf und geh zu Jakob, mal sehen, was wir spielen.

Bis bald, dein Flo

Liebes Kommunionkind,

da hat Flo schon recht: Die Zeit ging unheimlich schnell vorbei an diesem Tag. Irgendwie waren wir alle so damit beschäftigt, wie wir wohl von einem Baum zum nächsten kommen sollten, dass wir das gar nicht bemerkt haben. Wir waren richtig versunken in unsere Kletterei.

Zwei Begebenheiten sind mir von diesem Tag besonders im Gedächtnis geblieben: Die eine hat mit Marie zu tun, die andere mit Jakob und Flo.

Marie hatte sich unheimlich auf den Ausflug gefreut, aber sie ist ein ziemlich ruhiges Mädchen, mir kommt sie immer ein bisschen zerbrechlich vor, so schmal und klein wie sie ist. Am Anfang kletterte ich hinter ihr, und ich merkte, dass sie bei jeder Stufe, die es höher auf der Leiter ging, ein bisschen länger zögerte. Als sie dann auf der Plattform stand und zum nächsten Baum laufen sollte, nur durch die Karabiner am Halteseil gesichert und mit nichts als jeder Menge Luft unter den Holz-tritten und ihren Füßen, da verschlug es ihr erst mal ganz die Sprache. Sie stand nur da und guckte. Irgendwann ist sie dann doch losgelaufen, langsam, Schritt für Schritt, fest an das Seil geklammert. Aber es war wie ein kleines Wunder: Mit jedem Pfad von Baum zu Baum wurde sie sicherer, am Ende war sie tatsächlich die Schnellste und hüpfte fast über die Hindernisse. Und das Erstaunlichste: Sie traute sich als Einzige von uns, zum Schluss ein kleines Stück im freien Fall von einer der Plattfor-men abzuspringen. Das Seil bremste sie vor dem Aufkommen, aber nicht mal ich habe mich das getraut, das war mir zu viel Nervenkitzel. Ich dachte wirklich: Schau mal einer an, was alles in diesem Mädchen steckt! Und ich habe sie für zerbrechlich gehalten!

Das zweite Erlebnis hat Flo ja schon erwähnt: Es gibt im Kletterpark verschiedene Routen, auf denen man sich bewegen kann. Die sind unterschiedlich schwer, damit auch für jeden was dabei ist. Jakob und Flo wollten nun nach zwei leichteren Routen unbedingt eine schwerere klettern. Sie hatten sozusagen einen »Höhenflug« und gaben mächtig damit an, dass sie das schaffen würden, weil sie jetzt überhaupt keine Angst mehr hätten. Ich habe nur zu ihnen gesagt: »*Tut mir und euch den Gefallen und denkt dran: Niemand erwartet oder verlangt von euch, dass ihr diese Route klettert. Wenn ihr also spürt, dass ihr nicht mehr könnt oder dass euch das doch zu hoch ist, dann dreht um und kommt wieder runter. Von uns wird euch keiner auslachen, und ihr braucht euch deswegen auch nicht zu schämen.*« Ich glaube, das war ein besserer Rat als die beiden davon zu überzeugen, es zu lassen oder es ihnen gar zu verbieten. Sie sind die Leiter bis zur Hälfte hochgeklettert und kamen dann nach ein bisschen Pause und Überlegen doch wieder runter. Ich war ehrlich gesagt heilfroh, als die beiden wieder auf dem Boden standen. Nicht, dass ich unbedingt Angst um sie gehabt hätte, aber ich wusste, dass es zu viel für sie war, auch kräftemäßig. Danach sind wir dann erst mal zurück zum Eingang und haben uns mit einem kräftigen Picknick gestärkt. Was das jetzt noch mit deiner Kommunion zu

tun hat, fragst du dich? Na ja, mit der Kommunion vielleicht nur über »Umwege«, aber um die geht es hier auch. Was die Geschichte mit Marie angeht, hat die vor allem mal mit Jesus zu tun.

Warum? Ganz einfach: Weil Jesus jemand war, der die Menschen nie nach dem beurteilt hat, wie sie aussehen, wo sie wohnen, ob sie reich sind oder arm, sondern nach dem, was oder vielmehr wer in ihnen steckt. Du kennst das bestimmt und so ging es mir ja auch mit Marie: Du siehst jemanden, und weil er so aussieht, wie er aussieht, denkst du sofort: Der ist doof, weil er dick ist, der ist intelligent, weil er so viele Wörter weiß, die du nicht kennst, der ist glücklich, weil er jedes Spielzeug hat, das du dir wünschst, der ist nett, weil er dir was schenkt, und die ist zerbrechlich, weil sie so klein und schmal ist. Und manchmal, wenn du dann diese Menschen ein bisschen besser kennenlernst, mit ihnen sprichst und auch mal spielst, merkst

du plötzlich, dass der Dicke dich in Mathe dreimal in die Tasche steckt, dass der mit den vielen Wörtern sich nicht mal alleine die Schuhe zumachen kann, der mit dem Spielzeug kreuzunglücklich ist, weil seine Mama so viel arbeiten muss und sein Papa nicht mehr bei ihnen wohnt, und der, der dir was geschenkt hat, das nur getan hat, weil er die Hausaufgaben von dir abschreiben wollte – und eben, dass ein Mädchen, das zerbrechlich aussieht, stark und mutig ist wie ein Bär.

Jesus hatte die Gabe, den Menschen ins Herz schauen zu können. Er hat sich nicht an dem gestört oder sich überhaupt dafür interessiert, was andere über einen Menschen gesagt haben. Er hat sie reden lassen und ist ganz einfach zu jedem gegangen, zu dem er wollte. In der Bibel steht dann oft, dass diese Menschen, zu denen Jesus ging, krank waren: blind, besessen, lahm, taub oder aussätzig. Diese Krankheiten kann man so ähnlich wie die Gleichnisse verstehen: Jemand kann blind sein dafür, wie schön die Welt ist, oder dafür, wie viele Menschen es gibt, die ihn lieben. Jemand kann so besessen sein von Fußball, Reiten oder seiner eigenen Meinung, dass es für ihn nichts anderes mehr auf der Welt gibt. Jemand kann taub sein für alles, was seine Freunde ihm sagen möchten. Jemand kann aussätzig sein, weil man ihn so behandelt, als hätte er eine ansteckende Krankheit: Niemand will etwas mit ihm zu tun haben. Das war bei den meisten Menschen so, auf die Jesus zuging: Niemand wollte mehr ihr Freund sein. Oft hat Jesus sie dann gefragt: »*Was ist mit dir?*« Oder: »*Wie kann ich dir helfen?*«

1. Wer bringt dem Men-schen, der blind ist, das Licht? Wer reicht dem Menschen, der Angst hat, die Hand? Wer geht den Weg, der die Mü - he lohnt?

ʋ Den Weg wol-len wir ge - hen. Die Lie - be geht mit uns: Auf dem lan - gen und stei-ni-gen, auf dem wei - ten und un-be-que-men, auf dem Weg, der die Mü - he lohnt, auf dem Weg, der die Mü - he lohnt!

2. Wer deckt dem Menschen, der hungert, den Tisch?
   Wer reicht dem Menschen, der Durst hat, den Krug?
   Wer geht den Weg, der die Mühe lohnt?

3. Wer gibt dem Menschen, der zweifelt, den Mut?
   Wer gibt dem Menschen, der absackt, den Halt?
   Wer geht den Weg, der die Mühe lohnt?

- -

Und in diesem Moment haben sich ihm die Menschen geöffnet, sie haben ihm gezeigt, wer sie wirklich sind. Plötzlich war ihre Krankheit wie weggeblasen, sie wurden geheilt, weil Jesus sie wie einen Freund oder eine Freundin behandelt hat. Sie waren dann nicht mehr allein, sondern spürten: Da ist jemand, der traut mir etwas zu, der schaut mich an, redet mit mir, als wäre ich gesund. Plötzlich konnten sie wieder hören, sehen und gehen! Das Erstaunlichste: Jesus hat oft nichts anderes getan, als die Kranken an der Stelle zu berühren, die ihnen wehtat. Und er hat zu ihnen gesagt: »*Dein Glaube hat dich geheilt.*«

IN DER BIBEL GIBT ES SEHR VIELE GESCHICHTEN DARÜBER, WIE JESUS KRANKE HEILT. EIN PAAR DAVON HAST DU VIELLEICHT AUCH SCHON IN DER KOMMUNION-VORBEREITUNG KENNENGELERNT. WEISST DU NOCH DIE EINE ODER ANDERE?

➲ **DANN KANNST DU SIE HIER AUFSCHREIBEN.**

- -

- -

- -

- -

- -

- -

- -

- -

- -

- -

- -

WENN DIR KEINE MEHR EINFÄLLT, KANNST DU HIER NACHLESEN: ➲ **MARKUS 1, 40-45, MARKUS 2,1-12; MATTHÄUS 8,28-34; MATTHÄUS 9,1-8; LUKAS 4,31-41**

Kannst du dir vorstellen, was das mit Marie zu tun hat? Bei ihr hatte ich ähnlich wie bei Ben an diesem Tag das Gefühl, dass sie ein Stück größer geworden ist, sie ist sozusagen über sich hinausgewachsen. Maries Mama hatte von Anfang an Angst um sie, eben weil sie so zerbrechlich wirkt. Sie glaubte auch nicht daran, dass Marie das schaffen würde. Und ich ließ mich davon anstecken: Ich habe das auch nicht geglaubt. Und andererseits kannte ich Ben als jemand, der immer so wirkt, als hätte er vor nichts Angst. Beide haben an diesem Tag gezeigt, dass jemand ganz anderes in ihnen steckt: Marie hat mir deutlich gemacht, dass wir alle sie total unterschätzt haben, dass sie mutig und stark ist. Weil wir sie einmal nicht in Watte gepackt haben, sondern ihr zugemutet und zugetraut haben, dass sie das kann. Und sie hat es uns allen gezeigt!

Und auch in Ben steckt jemand, den wir bis dahin gar nicht gesehen haben: jemand, der Angst haben kann. Genauso wie Marie brauchte er einen, der ihm dennoch etwas zutraut, der ihn nicht auslacht, sondern ihm sagt: Du kannst das, ich weiß es! Und das hat ihm geholfen, an sich selbst zu glauben.

IN DER BIBEL GIBT ES VON DIESEM GLAUBEN AN SICH SELBST EINE SCHÖNE GESCHICHTE. SIE ERZÄHLT VON PETRUS, DER SIEHT, WIE JESUS ÜBER DAS WASSER GEHT. UND WEIL ER AN IHN GLAUBT UND AN SICH SELBST, GELINGT PETRUS DAS AUCH. ES IST EIN GLEICHNIS DAFÜR, WIE GLAUBE UND VERTRAUEN DAS UNMÖGLICHE MÖGLICH MACHEN KÖNNEN, WIE MENSCHEN ÜBER SICH SELBST HINAUSWACHSEN. NACHLESEN KANNST DU DIE GESCHICHTE HIER: ➲ MATTHÄUS 14, 22–32.

Die Geschichte mit Jakob und Flo hört sich zunächst mal an, als hätte sie gar nichts damit zu tun. Hat sie aber doch.

Es waren nicht nur Kranke, die Jesus fast schon gesucht hat zwischen all den Menschen, die ihm gefolgt sind und die ihn reden hören wollten. Die meisten von ihnen werden in der Bibel als »Sünder« bezeichnet. Was damit wohl gemeint sein könnte?

»Sünde« ist so ein Wort, das wir heute eigentlich gar nicht mehr benutzen, es klingt ein bisschen altmodisch. Vielleicht ist es dir aber in der Kommunionvorbereitung begegnet, als du dich auf die Beichte vorbereitet hast. Da ist viel davon die Rede, dass man sich gegen andere Menschen »versündigt« hat. Das kann viele Bedeutungen haben, aber vielleicht hilft dir auch hier wieder das Gleichnis aus dem Klettergarten, mit dem es leichter zu verstehen ist:

Mit den »Sünden« ist es wie mit dem Unterwegssein im Klettergarten: Manchmal überschätzt man sich selbst, man denkt, man kann alles, und will dann wie Jakob und Flo unbedingt eine schwere Route klettern. Man denkt einfach: Jetzt will ich den anderen mal zeigen, was ich wirklich kann!

So ähnlich ist es auch, wenn man beim Wandern unterwegs ist. Man sieht einen Wegweiser und denkt: Och nö, ich geh nicht links, wie es da steht, sondern rechts, weil ich da eine Abkürzung kenne. Manchmal vertut man sich aber auch ganz unabsichtlich, man übersieht einfach, in welche Richtung der Wegweiser zeigt oder hat nicht gesehen, dass eine Route im Klettergarten als »schwer« ausgezeichnet ist und geht dann einfach los. Mittendrin merkt man: Mist, ich bin auf dem falschen Weg. Oder man spürt: Ich kann hier nicht mehr weiter, das geht über meine Kräfte, über das, was ich kann.

Meistens ist das auch gar nicht schlimm, es bedeutet, dass man einfach wieder zurückgehen muss. Dann ist der Weg zwar ein

bisschen länger und noch ein bisschen anstrengender, aber man kommt irgendwann doch an. Manchmal entsteht aber daraus dann auch ein wirkliches Problem: Beim Wandern kann man sich so verirren, dass man den Weg gar nicht mehr findet und dann nicht mehr weiß, wo man ist, noch wie man wieder zurückfinden soll. Im Kletterpark heißt das im schlimmsten Fall, dass einen die Kletterführer aus 10 Metern Höhe mit der Leiter herunterholen müssen. Das kann nicht nur für mich selbst, sondern auch für andere schwierig und gefährlich werden. Wenn man sich so verrannt hat oder so gar nicht mehr weiß, wo der richtige Weg ist, dann nennt das die Bibel »sündigen« oder dass man ein »Sünder« ist. Manchmal ist das Schlimme daran gar nicht mal, dass man sich so verrannt hat, sondern dass die anderen Menschen, die das sehen, einen dann auch noch auslachen, mit dem Finger auf einen zeigen und nichts mehr mit einem zu tun haben wollen. Dann schämt man sich und weiß immer weniger, wie man aus der Situation wieder rauskommen soll.

Ganz übel wird es aber, wenn ich mich so verrannt habe, dass dabei auch noch andere Menschen mit reingezogen werden und ich sie in Gefahr bringe oder ihnen dann was passiert. Dass Flo und Jakob auf diese schwierige Route wollten, war überhaupt nicht schlimm. Es ist ja auch schön, dass sie was ausprobieren wollten. Und sie haben auch schon ganz früh gemerkt: O. k., das war jetzt doch eine Nummer zu groß für uns, wir gehen zurück. Es ist nichts passiert und es war noch nicht wirklich gefährlich. Aber wenn ich mir vorstelle, sie wären weitergegangen und Flo

1. Wie ein Fest nach lan-ger Trau-er, wie ein
Feu-er in der Nacht, ein off-nes Tor in ei-ner
Mau-er, für die Son-ne auf-ge-macht. Wie ein
Brief nach lan-gem Schweigen, wie ein un-ver-
hoff-ter Gruß, wie ein Blatt an to-ten Zweigen,
ein „Ich - mag - dich - trotz - dem - Kuss."
Kv So ist Ver-söh-nung. So muss der
wah-re Frie-de sein. So ist Ver-
söh-nung. So ist Ver-
ge-ben und Ver-zeihn. So ist Ver (zeihn.)

hätte vielleicht Angst bekommen, sich aber von Jakob überreden lassen, doch weiterzugehen, dann hätte das ins Auge gehen können. Stell dir mal vor, Flo hätte dann vor lauter Angst und Aufregung vergessen, sich zu sichern und wäre runtergefallen. Selbst wenn ich daneben gestanden hätte, hätte ich nichts tun können. Dann wäre aus dem Spaß ganz schnell bitterer Ernst geworden, und Jakob und auch ich hätten uns große Vorwürfe gemacht, wie das passieren konnte. Jakob hätte sicher nicht mehr gewusst, was er tun soll.

Ich habe mich deshalb, als Flo und Jakob unbedingt auf diese schwierige Route wollten, an das erinnert, was Jesus zu seiner Zeit zu den »Sündern« gesagt hat: »*Ich hab dich lieb, auch wenn du mal Mist baust. Und ich lach dich nicht aus, ich bin dir nicht böse deswegen. Deshalb kannst du auch ruhig einfach umdrehen, wenn du merkst, dass du auf dem falschen Weg bist. Du brauchst keine Angst zu haben, dass ich mit dir nichts mehr zu tun haben will. Aber du musst von selbst umdrehen, du musst selbst merken, dass du auf dem falschen Weg bist. Und dann freu ich mich einfach nur noch, dass du wieder da bist!*«

In der Bibel gibt es ganz viele Geschichten von Jesus, in denen es genau darum geht. Das war auch mit das Wichtigste, was Jesus uns Menschen sagen wollte: Es gibt immer eine Lösung, wenn ihr in Schwierigkeiten steckt, ihr könnt alles auch noch einmal anders machen. Dazu müsst ihr eigentlich nur eines: So ehrlich zu euch selbst sein, dass ihr zugebt: Ich bin auf dem falschen Weg. Ein Gleichnis von Jesus zu diesem Thema ist ganz berühmt: Das Gleichnis vom verlorenen Sohn. Und das geht so:

DAS GLEICHNIS VOM VERLORENEN SOHN

Es war einmal ein Bauer, der hatte zwei Söhne. Der Ältere hatte von klein auf immer dem Vater geholfen: beim Eggen und Säen auf den Feldern, beim Melken und beim Schlachten, beim Ziegenhüten und beim Käsemachen.

Als der jüngere Sohn älter wurde, merkte er, dass er ein bisschen überflüssig auf dem Hof war, denn es blieb ja so gut wie nichts übrig, was er hätte helfen können. Und sein älterer Bruder sagte immer nur zu ihm: »Geh weg da, lass mich das machen, dafür bist du noch zu klein« oder »Lass das, das kannst du nicht«.

Also überlegte er sich, dass er lieber von zu Hause weggehen wollte, um irgendwo anders glücklich zu werden und das Gefühl zu haben, dass er gebraucht wird. Also ließ er sich von seinem Vater so viel Geld geben, wie er irgendwann einmal geerbt hätte von ihm, und zog los in die Welt.

Er kam in eine große Stadt. Was es hier alles gab! Das kannte er gar nicht, weil er ja immer auf dem Bauernhof gelebt hatte. Also fing er an, sich all das zu kaufen, was ihm gefiel, er hatte ja Geld! Abends ging er mit Freunden weg, die er immer zum Essen und Trinken einlud, er wollte doch, dass es ihnen gut ging. Nach ziemlich kurzer Zeit war das Geld alle. Und die, die sich vorher seine Freunde genannt hatten, wollten plötzlich nichts mehr mit ihm zu tun haben. Und leihen wollten sie ihm auch nichts.

Es ging ihm von Tag zu Tag schlechter, er hatte nicht mal mehr Geld, um sich etwas zu Essen zu kaufen. Dann überlegte er sich, dass er sich ja mit einem Bauernhof und Tieren auskannte, also ging er zu einem Bauern und bat ihn darum, wenigstens die Tiere hüten zu dürfen und dafür etwas zum Essen zu bekommen. Da kam eine Hungersnot über das Land, und am Ende ging es ihm so schlecht, dass er am liebsten den Schweinen, die er hüten musste, ihr Futter weggefressen hätte.

Da sagte er zu sich selbst: »Mein Vater ist ein reicher Bauer. Er hat viel mehr Vieh als dieser Bauer hier und seinen Hirten geht es viel besser als mir. Ich trau mich jetzt einfach und geh nach Hause. Ich werde ihm sagen, dass es mir schrecklich leid tut und dass er mich wie seine Hirten behandeln soll, dann geht es mir immer noch besser als jetzt.«

Und so machte er sich auf nach Hause. Als er in die Nähe des Hofes kam, sah ihn sein Vater schon von Weitem und lief ihm mit offenen Armen entgegen. Der Sohn warf sich aber vor ihm auf den Boden und sagte zu ihm: »Vater, es tut mir so leid, ich habe das ganze Geld ausgegeben und dich schrecklich enttäuscht. Ich bin es nicht mehr wert, dass du mich deinen Sohn nennst.«

Der Vater aber zog ihn nach oben und umarmte ihn. Er schickte einen seiner Knechte und sagte zu ihm: »Holt schnell die besten Kleider für ihn, steckt ihm einen Ring an den Finger und bringt ihm auch Schuhe mit. Schlachtet das beste Tier, wir wollen fröhlich sein und essen und trinken. Denn mein Sohn hier war tot und ist wieder lebendig, er war verloren und ist wiedergefunden worden.« Und dann nahm er ihn mit nach Hause und alle zusammen feierten ein ausgelassenes Wiedersehensfest.

Und so ging es uns dann auch: Wir haben Pause gemacht und haben uns erst mal gemeinsam hingesetzt und etwas gegessen und getrunken. Danach fühlten wir uns alle wieder gestärkt, und es konnte weitergehen.

Aber davon erzähle ich dir beim nächsten Mal.

Deine Ursel

KUMPANE

ODER WARUM GEMEINSAM ESSEN NICHT NUR DEN HUNGER STILLT UND WIE UNS EIN STÜCK BROT VERBINDET

Eingang   Ausgang

Hallo, ich bin's, Flo!

Heute hat mein Papa Geburtstag, und abends kommen mein Onkel, meine Tante und meine Cousinen Anna und Sina. Das wird genial! Da gibt's nämlich ausnahmsweise immer Limo, und wir dürfen ganz lange aufbleiben. Am schönsten ist es aber immer, zusammen am Tisch zu sitzen und zu essen. Mein Onkel, der ist voll lustig, was der dann immer für Geschichten erzählt!

So ähnlich war das auch im Klettergarten - das mit dem zusammen essen. Ich war jedenfalls ziemlich froh, dass wir von der hohen Leiter wieder runter waren und dann mal Pause machen konnten. Mann, taten mir die Arme weh! Und ein bisschen haben mir schon die Knie gezittert …

Beim Picknick gab's dann auch Limo und Schokolade und Frikadellen und Brause und Käse und Erdbeeren … Das war so viel, ich weiß gar nicht mehr, was alles. Wir hatten am Ende jedenfalls einen kugelrunden Bauch. Wir haben ganz viel gelacht, das tat richtig gut, nachdem wir auf den Bäumen so aufpassen mussten auf unseren Weg und unsere Füße.

Und dann haben wir noch ein super Spiel gespielt: Rucksack-packen. Wir hatten ja jeder so seinen Rucksack dabei, und jeder hatte auch ganz verschiedene Sachen drin: Ben hatte fast nur Süßigkeiten dabei, Jens Brötchen mit Leberwurst, Marie noch ein Paar Socken und Pflaster. Und ich hatte ganz unten drin meinen Kuschelhasen Stöps, den hab ich aber niemand gezeigt. Ich hab gedacht, es schadet nix, wenn der mit dabei ist …

Dann hat Ursel gesagt, wir sollten uns mal vorstellen, wir müssten für unser ganzes Leben einen Rucksack packen. Und dann sollten wir ihr sagen, was denn da wohl unbedingt drin sein müsste. Da kamen vielleicht Sachen bei raus! Jens wollte einen Elefanten einpacken, weil der doch eine so dicke Haut hat, und er meinte, die bräuchte man auch oft im Leben, dann wären einem manche Sachen viel mehr egal. Ts … was müsste das denn dann für ein Rucksack sein!

Oh, meine Cousinen sind da! Tschüss, bis bald!

Dein Flo

Da hat Flo recht, wir hatten ein tolles Picknick im Klettergarten! Aber nicht ganz von Anfang an, und das ist wirklich eine spannende Geschichte: Die Kinder aus unserer Kommuniongruppe kennen sich ja alle, weil sie in eine Klasse in der Grundschule gehen. Aber nicht alle sind so gute Freunde wie Flo und Jakob. Ben hat eigentlich keinen wirklichen besten Freund. Jakob hat mir erzählt, dass er manchmal auf dem Schulhof ziemlich allein ist, aber auch nur, weil er dann die anderen geärgert oder mal wieder angegeben hat mit irgendwas, was er hat oder kann, und das wird den anderen manchmal zu bunt. Jojo und Hannah sind auch beste Freundinnen und so richtig »wilde Hühner«. Da hat's Marie dann schon mal schwer, überhaupt noch gesehen zu werden. Und Jens ist so ein bisschen wie Marie: leise und zurückhaltend. Meistens sagt er überhaupt erst was, wenn man ihn fragt.

Als wir uns dann so zum Picknick hingesetzt haben, hat sich erst mal jeder in eine Ecke verzogen und verstohlen in seinen Rucksack geschaut. Dann fing jeder an, so vor sich hin zu mümmeln. Ich habe dann zu allen gesagt: »Falls jemand nichts dabei hat: Wir haben Getränke mitgebracht, Wasser und Limo, und falls jemand noch ein Brötchen braucht: die gibt's hier auf der Bank in der Tüte. Und weil heute alles so besonders ist, möchte ich euch noch eine Geschichte erzählen, bevor wir anfangen mit essen:

- -

Ich war einmal mit einer Freundin im Urlaub in München. Wir waren mit dem Auto unterwegs und auf der Heimfahrt an einem Freitagabend, als wir ungefähr eine Stunde, bevor wir zu Hause gewesen wären, in einen Stau kamen. Ich dachte noch: Das kann doch jetzt nicht sein, so kurz vor dem Ziel! Aber innerhalb von kürzester Zeit wuchs der Stau hinter uns immer weiter, und vor uns ging gar nichts mehr. Das Einzige, was sich tat, war immer mal wieder ein Polizeiauto oder ein Rettungswagen, der auf dem Seitenstreifen vorbeibretterte oder sich einen Weg durch die

Blechlawine bahnte. Die Meldung im Radio war alle halbe Stunde die gleiche, nur dass der Stau immer länger wurde. Nach 1 1/2 Stunden kam dann die Nachricht: Es gab einen schweren LKW-Unfall und die Polizei kann noch überhaupt nicht abschätzen, wann die Bahn wieder frei wird, die Autofahrer werden um Geduld gebeten. Tja, was blieb uns übrig als zu warten? Es war zum Glück Sommer und daher lange hell und nicht kalt, und bald kamen meine Freundin und ich mit den anderen, die um uns herum mit im Stau standen und auch ausgestiegen waren, ins Gespräch. Einige kamen auch aus dem Urlaub, andere von einem Besuch bei der Oma, einer war auf dem Heimweg zu seiner Frau und seinem Kind, weil er in einer anderen Stadt arbeitete. Es wurde immer später, und irgendwann war klar: Wir müssen uns wohl darauf einstellen, die Nacht auf der Autobahn zu verbringen.

Es wurde viel telefoniert und geflucht, aber auch viel gelacht und Unsinn gemacht. Wir hatten eine Decke auf die Motorhaube meines alten Autos gelegt und uns lang gemacht darauf, um die Sterne besser sehen zu können, die allmählich am Himmel auftauchten. Nach einiger Zeit hatte ich schrecklichen Hunger und Durst, aber ich dachte: Wir haben nur noch ein Brötchen, ein paar schon ziemlich reife Trauben und die teuren Pralinen, die ich als Mitbringsel für Bernd gedacht hatte. Das Wasser ist fast alle, aber wenn ich jetzt anfange, das hier auszupacken und vor mich hin kaue, dann muss ich doch denen was abgeben, die gar nichts haben. Zum Beispiel der Familie mit den kleinen Kindern, die schrecklich müde sind und rumquängeln, weil sie nicht zwischen den Autos laufen dürfen. Die Kinder nerven schon die ganze Zeit ihre Eltern, dass sie Hunger haben, und die können ihnen nichts geben. Oder der arme Mann, der aus dem Büro zu seiner Frau unterwegs ist – der hat das letzte Mal wahrscheinlich heute Morgen beim Frühstück was bekommen. Das reicht ja nie für alle! Dann bekommt jeder bloß ein winziges Stück, und dann ist keiner satt.«

Also blieb ich weiter hungrig und durstig, und es wurde immer stiller in der Runde. Irgendwann war es meiner Freundin zu doof. Sie ging zum Auto, holte das, was noch von unserem Picknickkorb übrig war, heraus und legte all unsere Mitbringsel hinein: Pralinen, getrocknete Früchte vom Viktualienmarkt, eine Leberpastete und das Päckchen Bonbons, das sie noch im Handschuhfach gefunden hatte. Dann sagte sie: »Es ist zwar nicht mehr viel, aber jeder bekommt ein Stückchen von allem. Das hilft zumindest mal gegen den ersten Hunger. Und vielleicht hat ja einer von Ihnen noch eine Flasche Wasser. Ich verzichte gerne auf das Essen, aber ich habe schrecklichen Durst!«

Ihr werdet es nicht glauben, was dann geschah: Unsere Decke auf der Motorhaube wurde plötzlich zum feinsten Büffettisch! Da tauchten aus allen Körben und Handschuhfächern, aus Thermoskannen und Pralinenschachteln, aus Brot- und Getränkedosen die tollsten Sachen auf. Alles landete auf der Haube von meinem alten Golf, und dann haben wir alle zusammen ein großes Picknick unter dem Sternenhimmel gemacht. Es war ganz bunt gewürfelt, und normalerweise hätte kein Mensch Käse zusammen mit Pralinen und dazu ein Stück selbstgemachten Kuchen gegessen, aber in diesem Moment kam es uns vor wie das Schlaraffenland. Als wir dann darüber sprachen, kam heraus, dass alle das Gleiche gedacht hatten: Wenn ich jetzt das Wenige auspacke, das ich noch habe, reicht's für keinen. So aber war am Ende sogar noch so viel übrig, dass wir zu den beiden LKW-Fahrern gingen, die auch in unserer Nähe standen, und es gegen zwei Päckchen Kaugummi eintauschten, die uns inzwischen ausgegangen waren.

Nach weiteren drei Stunden konnten wir dann endlich weiterfahren, aber mit zweien, die ich in dieser Nacht kennengelernt habe, bin ich inzwischen richtig befreundet, wir haben uns schon oft gegenseitig besucht.«

Und weißt du, was dann passierte? Das Gleiche wie damals: Alle packten aus, was sie in ihren Rucksäcken finden konnten, legten es auf den großen Tisch, um den wir saßen, und es gab ein herrliches Durcheinander von leckeren Sachen, an denen man sich wirklich Bauchweh essen konnte. Am Ende waren alle kugelsatt und einige hatten was probiert, was sie bis dahin noch nie gegessen hatten: Ben zum Beispiel kannte keinen Stangensellerie, den Marie dabei hatte und den man in eine leckere Soße aus Quark und sonst noch einigem tunken konnte. Jens bekam von Jakob sein erstes »Hünchennugget«, die ich immer selbst mache, mit knuspriger Kruste aus Cornflakes und mit viel Curry drin, wie es Jakob am liebsten mag. Es war einfach schön zu sehen, wie da geschwelgt wurde in Leckereien, wie einfach das Teilen plötzlich war und wie sehr sich alle freuten, wenn den anderen was schmeckte, was man selbst mitgebracht hatte.

Die Geschichte, die ich vor dem Essen erzählt hatte, ist wahr, das habe ich so erlebt, aber vielleicht erinnert sie dich ja an eine Geschichte aus der Bibel, in der es ähnlich zuging? Ich meine die von der sogenannten Brotvermehrung.

WENN DU DIE GESCHICHTE VON DER BROTVER-MEHRUNG NACHLESEN WILLST, SCHAU HIER NACH: ➔ MARKUS 6,30–44.

Jesus war das ganz wichtig: Er wollte nicht nur mit seinen Freunden durch das Land ziehen und mit ihnen zu den Menschen gehen. Er wollte auch zusammen mit allen am Tisch sitzen und mit ihnen gemeinsam essen. Das kommt in der Bibel ganz oft vor, dass Jesus mit den Menschen isst, besonders auch mit solchen, mit denen sonst keiner essen wollte.

Es gibt da ein tolles Wort, was ausdrückt, warum ihm das so wichtig war: Kumpan. Weißt du, was ein Kumpan ist? Jemand, der einen begleitet, ein Freund, jemand, mit dem man durch dick und dünn gehen kann. Und weißt du auch, woher das Wort kommt? Im Lateinischen, der Sprache, die früher die Römer gesprochen haben, heißt »Pane« so viel wie »Brot«. Und »Cum« oder »Kum« hcißt »mit« oder »zusammen mit«. Wenn man also »Cum-Pane« oder im Deutschen »Kumpan« wörtlich nimmt, dann meint das so viel wie jemand, mit dem ich mein Brot teile, mit dem ich zusammen esse. Und auch jemand, mit dem ich durch dick und dünn gehe, der mein bester Freund ist.

Und jetzt überleg mal: Weißt du noch, wie wichtig bei der Kommunion das Brot war? Und auch, dass wir das Brot teilen? Das alles steckt in dem Wort »Kumpan«. Wenn du so willst, bist du durch deine Kommunion also ein »Kumpan« von Jesus geworden.

Aber vielleicht hast du beim Lesen meiner Geschichte auch gemerkt: Es ist nicht nur das gemeinsame Essen, was dieses Erlebnis so besonders macht. Natürlich ist es toll, dass alle satt geworden sind, aber da ist auch noch etwas, was beim gemeinsamen Essen entsteht, das man nicht so richtig in Worte fassen kann. In der Kommunionvorbereitung ist immer auch von »Gemeinschaft« die Rede: von der Aufnahme in die Gemeinschaft der Christen, von der Gemeinschaft, die Jesus mit seinen Jüngern hatte. Eigentlich verbirgt sich ein Gefühl oder vielmehr verbergen sich ganz viele Gefühle dahinter: man spürt zum Beispiel, dass das Teilen einem selbst nichts wegnimmt, sondern ganz im Gegenteil, dass man viel mehr bekommt, als wenn man nur alleine isst. Man spürt, dass man miteinander verbunden ist, dass es da was gibt, was sich anfühlt wie Freundschaft. Man spürt, dass man den anderen vertrauen kann. Und vielleicht spürt man auch, dass die anderen für einen da sind, wenn man sie braucht, dass sie einen trösten können, wenn man traurig ist, dass man aber auch jemanden gefunden hat, mit dem man gemeinsam lachen kann. Man spürt: Mit denen kann ich über ganz vieles reden, nicht nur übers Essen.

Als Jesus gestorben war, da hat er seinen Jüngern zwei ganz wichtige Sätze mit auf den Weg gegeben. Der eine war: »*Wo zwei oder drei in meinem Namen versammelt sind, da bin ich mitten unter ihnen.*« Das heißt so viel wie: Selbst wenn ihr mich nicht mehr sehen könnt, ich bin immer bei euch: wenn ihr euch trefft, wenn ihr zusammen esst, wenn ihr mit anderen Menschen zusammen seid und nicht vergesst, was ich euch gesagt habe.

♪ LIED ➔ WO ZWEI ODER DREI

Und der zweite Satz: »*Ich bin bei euch, alle Tage bis an das Ende dieser Welt.*« Das meint fast das Gleiche: Auch wenn ihr mich nicht sehen könnt – ich bin immer bei euch. Und wenn ihr mich sucht, dann werdet zu »Kumpanen«, teilt das Brot, teilt euer Leben miteinander, und ihr werdet spüren, dass ich da bin.

Am einfachsten lässt sich das erklären und verstehen, wenn man meine Lieblingsgeschichte aus der Bibel liest, nämlich die vom Tag nach Ostern, als zwei von den Freunden von Jesus ganz traurig sind darüber, dass er gestorben ist, und sich auf den Weg machen zu einem Dorf namens Emmaus.

EMMAUS

Kleopas saß mit seinem Freund Jakob im Schatten vor seinem Haus und schwieg. Sie waren noch immer wie betäubt und konnten es einfach nicht fassen, dass Jesus tot war, ans Kreuz genagelt wie ein Verbrecher! Seit sie das erfahren hatten, saßen sie hier und konnten an nichts anderes mehr denken. Schließlich seufzte Kleopas und sagte:

»Komm, lass uns ein Stück laufen. Wir gehen nach Emmaus, das ist nicht so weit und dort gibt es ein Gasthaus, in dem wir übernachten können. Das Unterwegssein wird uns guttun, und es denkt und spricht sich leichter im Gehen.«

Jakob war einverstanden, das stumme Sitzen machte ihn immer noch trauriger und er wollte endlich mit seinem besten Freund Kleopas über all das sprechen, was geschehen war in den letzten Tagen. So machten die beiden sich auf den Weg und waren bald in ein Gespräch vertieft. Sie merkten gar nicht, dass sie einen anderen Wanderer einholten, der etwas langsamer vor ihnen herging. Als sie ihn freundlich grüßten, sagte er zu ihnen:

»Entschuldigt bitte, ich wollte nicht lauschen, aber ihr geht schon eine Weile hinter mir, sodass ich euer Gespräch mitgehört habe. Und was ihr erzählt, klingt für mich sehr spannend. Wer ist denn dieser Jesus, von dem ihr die ganze Zeit redet, und was ist ihm passiert?«

Da blieb Kleopas stehen und sagte traurig: »Kennst du dich hier in der Gegend so wenig aus? Hast du dich in deinem Zimmer verschanzt in den letzten Tagen, dass du als Einziger nicht weißt, was in Jerusalem mit Jesus passiert ist?«

»Was denn?«, fragte der Wanderer.

Da fingen Kleopas und Jakob beinahe gleichzeitig an zu reden: »Jesus war ein Prophet!« – »Er hat Kranke geheilt, sogar Tote wieder auferstehen lassen!« – »Er hat uns von Gott erzählt wie nie jemand zuvor!« – »Und dann haben ihn die Hohepriester und Führer zum Tod verurteilt und einfach so gekreuzigt.«

Nach einer Pause fügte Jakob hinzu: »Dabei haben wir so große Hoffnungen in ihn gesetzt. Wir haben gedacht: So wie er redet und handelt, wird er Israel endlich von den Römern befreien und uns wieder zu einem freien Volk machen! Aber nun ist er schon drei Tage tot.« Der Schmerz darüber stand Jakob ins Gesicht geschrieben.

»Aber wir haben auch noch etwas anderes gehört«, sagte Kleopas etwas zögernd. »Einige Frauen, die mit Jesus befreundet waren und mit ihm umhergezogen sind, waren heute Morgen bei seinem Grab, um ihn noch einmal zu salben. Aber sie fanden seinen Leichnam nicht! Als sie zu uns zurückkamen, waren sie schrecklich aufgeregt und sagten, ein Engel sei ihnen erschienen und hätte ihnen gesagt: ›Was sucht ihr den Lebenden bei den Toten? Jesus ist nicht tot, er lebt!‹ Wir konnten das gar nicht glauben und sind dann auch noch einmal zum Grab gegangen. Alles war so, wie die Frauen uns das erzählt hatten. Aber Jesus selbst haben wir nicht gesehen.« Kleopas schien ziemlich enttäuscht darüber.

»Begreift ihr denn nicht?«, fragte da der Fremde plötzlich. Kleopas und Jakob sahen ihn verwundert an. »Schaut doch nur mal in die Schriften unserer Propheten! Eigentlich steht dort genau das, was Jesus passiert ist, über den Messias, der kommen soll, um Israel zu erlösen.«

Und dann fing er an, ihnen die alten Schriften zu deuten und begreiflich zu machen. Kleopas und Jakob waren völlig fasziniert von dem, was er alles wusste und wie er es ihnen erklären konnte, und hörten gespannt und überrascht zu. In ihnen glomm wieder etwas wie Hoffnung auf, als sie das hörten. Als sie Emmaus erreichten, tat der Fremde so, als sollten sich hier ihre Wege trennen.

»Bleib doch bei uns«, bat Kleopas ihn, als er schon weiter-gehen wollte. »Sieh mal, der Tag ist fast zu Ende, es wird schon dunkel. Iss und trink mit uns, deine Gesellschaft tut uns gut.«

Der fremde Wanderer ließ sich gern überreden und ging mit ihnen in das Gasthaus. Hier setzten sie sich an einen Tisch, um sich mit einem Abendessen zu stärken. Als alles aufgetragen war, nahm der Fremde das Brot in die Hand, segnete es und brach es, um mit ihnen zu teilen. Da plötz-lich begriffen Jakob und Kleopas, wer der Fremde war: Niemand anderes als Jesus selbst! Sie waren den ganzen Tag mit ihm gewandert, ohne zu bemerken, mit wem sie da sprachen, das war ja unglaublich! Erst jetzt, beim Brot-brechen, hatten sie ihn an dieser Geste erkannt, das war sozusagen sein Markenzeichen. Aber in der Sekunde, in der sie begriffen, wer er war, war er vor ihren Augen ver-schwunden und sie blieben allein zurück. Dennoch konnte das ihre Freude kaum trüben.

»Er lebt, Jakob, er lebt tatsächlich!« Kleopas war aufge-sprungen und tanzte fast durch das Zimmer.
»Waren wir nicht Feuer und Flamme, als er sich unterwegs mit uns unterhalten hat? Haben wir es nicht eigentlich in

unseren Herzen schon gewusst, dass er es ist?«, fragte Jakob begeistert.

»Schnell, das müssen die anderen erfahren! Lass uns sofort wieder aufbrechen und nach Jerusalem zurückgehen!«

Und so schnürten sie ihr Bündel und rannten los, um den anderen Freunden von Jesus diese frohe Botschaft zu bringen.

Jesus ist sogar so weit gegangen, dass er seinen Freunden gesagt hat: Ich will nicht nur, dass ihr mit mir und mit euren Freunden das Brot teilt, ich bin selbst für euch wie Brot. Genau das ist es ja auch, worauf du dich in der Kommunion vorbereitet hast: in einem Stück Brot, der Hostie, Jesus zu empfangen. Das klingt ein bisschen komisch und ist schwer zu verstehen, aber auch da gibt es ein schönes Wort, das hilft, das zu verstehen. Du kennst doch bestimmt den Ausdruck »Proviant«, oder? Wenn man einen Tag oder auch mehrere Tage unterwegs ist, beim Wandern, auf dem Weg in den Urlaub oder auch im Klettergarten, dann packt man sich eben einen Rucksack voll mit den Sachen, die man unbedingt braucht an diesem Tag: was zum Trinken und zum Essen, was Süßes, ein Päckchen Taschentücher, den Geldbeutel und den Schlüssel, das Handy, vielleicht sogar auch ein paar Medikamente, die man dringend braucht. All das ist »Proviant«. Auch das ist ein lateinisches Wort: »Pro« heißt »für« und »viant« heißt »unterwegs« oder »beim Gehen«, also bedeutet »Proviant« so viel wie »Für unterwegs«. Genau das meint Jesus damit, wenn er sagt, er möchte unser Brot sein:

Wie in der Geschichte von Emmaus möchte er unterwegs bei uns sein, er möchte uns begleiten und für uns so sein wie etwas, das wir zum Leben brauchen, das uns vor dem Verhungern und Verdursten schützt.

Damit unser Leben aber schön und glücklich wird, brauchen
wir ja nicht nur etwas zum Essen und zum Trinken, es gibt
noch mehr, was wir dringend brauchen: Wir brauchen ein Dach
über dem Kopf und ein Bett darin. Wir brauchen Mama, Papa,
Geschwister und Freunde, eben Menschen, die uns lieben.

Ein paar Dinge mehr gibt es schon noch, die wohl jeder Mensch
in seinem »Lebensrucksack« als Proviant gut gebrauchen kann.
Und daher habe ich mit meinen Kommunionkindern mal
angefangen, einen solchen Rucksack zu packen. Sie sollten sich
vorstellen, was sie denn wohl mitnehmen würden, wenn sie auf
ihre »Lebensreise« gehen würden.

Ich habe dir hier mal die Zettel mitgebracht, auf denen die
sieben aufgeschrieben haben, was in ihren Rucksack soll.
Das ist wirklich abenteuerlich, was die so alles mitnehmen
möchten!

Flo:
Inline-Skates (kommt
man schneller mit voran)
Geldbeutel
Papa
Schlafsack
Schokolade, die nie leer wird

Marie:
Was zum Anziehen
Was zum Essen
und Trinken
Fotoalbum von Oma
Mietzi (meine Katze)
Pflaster

Ben:
Gummibärchen
Computer
Nintendo
Messer
(wenn ich eins hätte)
Schokolade

Jakob:
Taschenmesser
(krieg ich zur Kommunion!)
Fußball
Mein Bettzeug
MP3-Player
Angel (hätt ich gerne)
Hänchennuggets
(mit viel Curry!)

Jens:
Stifte und Zeichenpapier
Otto (mein Stoffhund)
Elefant
Umhang von Harry Potter,
der unsichtbar macht
Essen und Trinken

Jojo:
„Wilde-Hühner"-Bücher
Hannah
Puschel (mein Kaninchen)
Pferd (hätte ich gern
eins)
MP3-Player

Hannah:
Kletterseil
belegte Brote
Wasserflasche
Hängematte
„wilde Hühner"-Bücher

Ein paar Dinge hatte ich auch dabei, die ich selbst noch wichtig fand und wovon ich jedem Kind auch etwas mit in seinen Rucksack gegeben habe. Ich wollte nämlich, dass die Kommunionvorbereitung für sie so etwas ist wie das Packen dieses Lebens- oder Überlebensrucksacks. Ich wollte, dass sie nach der Kommunion mit einem Proviant aufbrechen, der für ihr ganzes Leben reicht und ihnen immer wieder hilft, schwierige Situationen zu überstehen und schöne Momente im Leben auch zu genießen.

Und das habe ich allen mit auf den Weg gegeben:

Schokolade → *um das Leben zu versüßen, auch und gerade, wenn es manchmal bitter ist*
Fotoapparat → *um die schönen und glücklichen Momente im Leben festhalten und sich daran erinnern zu können, wenn es gerade mal nicht so schön ist*
Stock → *um sich darauf zu stützen und auszuruhen, wenn man nicht mehr weiter kann und zu müde zum Weitergehen ist*
Decke → *um sich zu wärmen und zu schützen, wenn einem der Lebenswind rau ins Gesicht bläst und einem manchmal selbst mitten unter Menschen kalt wird*
Kompass → *um die Richtung wiederzufinden, selbst wenn man sich verlaufen hat und nicht mehr weiß, wo man ist*
Uhr → *um zu spüren, dass es für alles eine Zeit gibt: eine Zeit zum Arbeiten, eine Zeit zum Ausruhen, eine Zeit zum Werden und eine zum Sterben, eine Zeit, um fröhlich zu sein, und eine Zeit zum Traurigsein ...*
Brot und Wasser → *um nicht zu verhungern, um etwas zum Teilen zu haben und um darin zu spüren: Ich bin nie allein unterwegs, Jesus ist darin und gerade dann bei mir, wenn ich beides mit einem anderen teile*

Diese Liste hätte ich noch viel länger machen können, aber ich denke, es ging ja um das Wichtigste, was man so im Leben braucht. Das Allerwichtigste fehlt aber noch, was man aber eigentlich nicht in den Rucksack stecken kann (auch wenn Flo das mit seinem Papa gerne tun wollte): Einen oder mehrere andere Menschen, die bei mir sind auf meinem Weg, die das Schöne und das Schwierige mit mir teilen, die für mich da sind und für die ich da sein kann, wenn sie oder ich Hilfe brauchen.

Als dann alle satt waren und die restlichen Sachen wieder in die Rucksäcke gepackt waren, haben wir wieder unsere Klettergürtel, Handschuhe und Helme auf- und angezogen und sind zurück auf die Kletterwege in schwindelnde Baumhöhen.

Bis bald, deine Ursel

DURCHHÄNGER

ODER: WARUM ES SO TOLL IST, FREUNDE ZU HABEN

Hey, da bin ich wieder!

Mensch, war der Geburtstag schön! Es gab auch noch mein Lieblingsessen: gegrillten Fisch, hmmm! Und dann haben wir noch ganz lang zusammen am Feuer gesessen. Wegen mir hätte der Abend gar nicht mehr aufhören müssen …

Das hab ich übrigens auch im Klettergarten gedacht: hier könnte ich EWIG bleiben! Wir sind dann nach dem Essen gleich wieder rauf in die Bäume. Das ist so klasse da oben! Und was wir alles noch nicht ausprobiert hatten: Hängebrücken, Drahtseile, wo man wie ein richtiger Seiltänzer drüber gehen soll, Klettergerüste aus Seil, auf denen man wie auf einem Piratenschiff rumkrabbeln konnte. Und das Beste: Ein Tarzan-seil. Da hängst du dich so dran und musst dann wirklich wie Tarzan losspringen und dich zum nächsten Baum rüberschwingen. Das ist total schwierig! Wenn du nämlich drüben ankommst, musst du im richtigen Moment abspringen, sonst geht's schief. Dann fliegst du nämlich den ganzen Weg zurück und hängst wieder am ersten Baum, weil das Seil dich mit zurück genommen hat. Ich bin bestimmt dreimal hin und her gependelt, bis mich Bernd dann auf der anderen Seite einfach um den Bauch gepackt und festgehalten hat.

Als ich da am Ende mit der Seilbahn runtergefahren bin, war ich einfach nur noch platt, ich konnte nicht mehr. Mir taten die Arme weh und überhaupt alles. Meine Füße haben sich angefühlt, als hätte ich Bleikugeln drin, so schwer waren die. Bei mir ging's dann ja noch, aber Jens ist fast nicht mehr vom Baum gekommen. Der war so müde, der wollte einfach nur noch auf der Plattform sitzen bleiben und da versauern.

Wir haben ihn dann alle zusammen irgendwie nach unten gebracht. Ich hatte noch einen Müsliriegel, den mir meine Mama morgens zugesteckt hatte. An den hab ich gar nicht mehr gedacht. Aber als Jens da total fertig vor mir saß, hab ich ihm den in die Hand gedrückt. Der war schon fast zu müde zum Kauen, aber danach ging's dann wieder ein bisschen besser. Der brauchte für jeden Schritt zwei Stunden, so hat

≫

»

sich das angefühlt. Jakob ist dann vor ihm her gegangen und Jojo hinter ihm geblieben. Beide haben immer wieder gesagt: »Komm, noch ein Schritt, bald hast du's geschafft!«, bis er wieder unten stand. Der war vielleicht glücklich! Wir aber auch, wir dachten echt, er packt's nicht.

Auf der Heimfahrt bin ich aber auch eingeschlafen, ich war fertig wie ein Stück Brot! Eigentlich wollten wir ja an dem Abend auch noch grillen, aber weil alle so müde waren, haben wir das einfach auf die nächste Kommunionstunde verschoben.

Aber davon erzähl ich dir nächstes Mal, ich muss jetzt nämlich ins Bett, sagt Mama.

Bis dann, dein Flo!

Da war Flo nicht der Einzige, der am nächsten Tag ganz schön gespürt hat, was der Klettergarten an »Spuren« hinterlassen hatte. Ich hatte auch Muskelkater, dieses Hangeln von Baum zu Baum wie Tarzan oder ein Eichhörnchen ist man eben nicht gewohnt.

Das Klettern nach der Pause wurde dann am Ende tatsächlich noch zu einer Probe für alle. Klar hatten wir noch Lust, wieder in die Bäume zu steigen, und die erste Stunde waren auch alle wieder voll dabei. Es gab noch so viel zu entdecken! Aber wir haben gemerkt: Das kostet alles ganz schön Kraft, und allzu viel davon haben wir nicht mehr.

Und dann ging gar nichts mehr: Jens setzte sich einfach auf einer der Plattformen hin und war erst mal nicht mehr dazu zu bewegen, weiterzugehen. Das war gar nicht böse von ihm gemeint, er hatte auch keine Angst, er konnte nur einfach nicht mehr. Erst mal hat er alle vorgelassen, aber Jakob und Jojo haben sich geweigert. Jakob hat sich einfach zu ihm gesetzt und ein bisschen mit ihm geschwiegen. Das tat, glaube ich, beiden gut, auch wenn Jakob das nie zugegeben hätte: Er war nicht böse über die Pause. Johanna hat sich dann auf die andere Seite neben ihn gesetzt, und wir haben sie einfach eine Weile mal in Ruhe gelassen. Bernd war der Erste in der Gruppe und hatte angehalten, ich war noch hinter Johanna und machte den »letzten Mann« oder vielmehr die »letzte Frau«.

Ben moserte ein bisschen rum, dass er weiter wollte und warum das jetzt alles so lang dauert, aber Flo sagte ihm einfach: »*Jetzt sei mal still, am Anfang haben auch alle auf dich gewartet.*« Und still war Ben dann tatsächlich. Flo fischte aus seiner Tasche den Müsliriegel und ging einfach eine Station zurück, um ihn Jens zu geben. Der kaute dankbar darauf herum, und als er damit fertig war, sagte Johanna: »*Komm, Jens, es ist nicht mehr weit, nur noch zwei Stationen, den Rest kannst du mit der Seilbahn fahren, da musst du gar nichts mehr tun! Guck mal, hier sind Schlaufen, in die du treten musst. Das sieht ein bisschen schwierig aus. Aber Flo ist das jetzt schon zweimal gegangen und er weiß bestimmt, wie man das am besten macht.*« Flo hat ihm dann auch erklärt, was er tun muss, und Jakob hat's ihm nochmal vorgemacht. Johanna und ich haben ihn bei jedem Schritt angefeuert: »*Komm, du schaffst das, guck mal, die Hälfte hast du schon! Weiter so, so geht das, genau!*« Auf der nächsten Plattform musste er erst nochmal ausruhen, bevor er weiterkonnte. Bei all dem hat er, glaube ich, kein Wort gesagt, sondern sich nur immer wieder von den anderen anfeuern lassen.

Die letzte Station war dann bloß ein Drahtseil, so eins, über das
auch die echten Seiltänzer gehen. Herrje, das war wirklich
Millimeterarbeit. Auf dem letzten Stück ist ihm Jakob tatsächlich ein Stück entgegengegangen, obwohl das eigentlich verbo-
ten ist. Aber dann hat Jens einfach die Hand auf Jakobs Schulter
gelegt und sich an ihm festgehalten, und so sind die beiden
doch noch auf der anderen Seite angekommen. Und weißt du,
was dann passierte? Als Johanna dann endlich auch bei den
beiden ankam, hat Jens Jakob und sie ganz fest umarmt und
»danke« geflüstert. Und dann hat er sich auf die Seilbahn
geschwungen und ist abgerauscht. Jojo und Jakob waren ein
bisschen rot an den Ohren, aber sie haben gegrinst wie die
Honigkuchenpferde. Und als sie dann alle wieder auf dem
Waldboden standen, gab's nur glückliche Gesichter. Jens
strahlte über's ganze Gesicht, und Jojo ist nicht mehr von seiner
Seite gewichen, bis er im Auto saß.

1. Wo ein Mensch Ver - trau - en gibt,
nicht nur an sich sel - ber denkt,
fällt ein Trop - fen von dem Re - gen,
der aus Wüs - ten Gär - ten macht.

2. Wo ein Mensch den andern sieht, nicht nur sich und seine Welt, fällt ein Tropfen von dem Regen, der aus Wüsten Gärten macht.

3. Wo ein Mensch sich selbst verschenkt und den alten Weg verlässt, fällt ein Tropfen von dem Regen, der aus Wüsten Gärten macht.

- -

Flo hat recht: Eigentlich hatten wir noch ein gemeinsames Grillen geplant, aber als ich die Gesichter meiner »müden Krieger« gesehen habe, dachte ich: Da hast du die ganze Aktion heute doch ein bisschen unterschätzt, das war viel anstrengender, als du dir das so vorgestellt hättest. Aber meine Mannschaft hatte ich nicht unterschätzt, ich muss schon sagen, dass ich mächtig stolz auf sie war! Und so haben wir das Fest auf die nächste Kommunionstunde verschoben.

Ich sag so schön »meine Mannschaft«, aber das waren sie eigentlich erst nach diesem Tag. Vorher war es eher eine Gruppe von Kindern, in der es wieder »Grüppchen« gab: Jakob und Flo, Hannah und Jojo. Jetzt hatte ich das Gefühl, dass alle miteinander ein Abenteuer überstanden hatten, das schweißt zusammen. Irgendwie waren alle gleich gut miteinander befreundet, und ich freue mich heute noch jedes Mal, wenn ich sehe, dass sie auch nach der Kommunion Freunde geblieben sind und noch immer zusammen spielen, beieinander übernachten und vor allem: füreinander einstehen. Auf seine Freunde lässt keiner von ihnen was kommen: Wenn irgendwer aus der Klasse darüber lästert, dass Ben mal wieder ein bisschen viel erzählt, dann sagt Johanna: »*Lass ihn doch, er braucht das, damit er sich was traut. Vielleicht kannst du das ja so, er aber nicht. Also lass ihn.*« Oder wenn jemand Jens aufzieht, weil er beim Fußball einfach nicht schnell genug ist und das Spiel auch eigentlich gar nicht mag, dann sagt Jakob: »*Dafür kannst du nicht zeichnen. Hast du schon mal gesehen, wie Jens eine Elefantenherde malt? Das sieht aus wie in echt. Also halt die Luft an und spiel weiter Fußball.*«

Schon immer hat es Menschen gegeben, die sich wie Jesus für andere Menschen eingesetzt haben. Auch heute noch tun das viele, und ganz ähnlich wie Jesus bekommen sie deshalb oft Ärger mit den Mächtigen in ihrem Land. Viele sind sogar deshalb gestorben, weil sie sich genau wie Jesus nicht davon abbringen liessen, anderen Gutes zu tun und sie zu beschützen.

FÄLLT DIR DAZU EIN NAME ODER EIN MENSCH EIN, VON DEM DU SCHON MAL GEHÖRT HAST?
◉ HIER IST PLATZ ZUM AUFSCHREIBEN:

- -

- -

FALLS DIR NIEMAND EINFÄLLT, DANN FRAG DOCH MAL DEINE ELTERN, PATEN, GROSSELTERN ODER FREUNDE, OB SIE DIR SAGEN KÖNNEN, WER DIE FOLGENDEN MENSCHEN WAREN ODER SIND:
→ ELISABETH VON THÜRINGEN
→ MARTIN LUTHER KING
→ MUTTER THERESA
→ NELSON MANDELA
→ DOM HELDER CAMARA
→ RUTH PFAU

Durch das, was wir mit Jens noch auf der letzten Etappe erlebt haben, haben wir auch gemerkt: Es macht gar nichts, wenn man mal auf einen anderen warten muss. Es ist sogar ein wunderbares Gefühl zu spüren: Wir konnten Jens gemeinsam so helfen, ihn so stark machen, ihm so viel Vertrauen in sich selbst geben, dass er den Weg gemeinsam mit uns doch zu Ende geschafft hat. Dann ist es gar keine »Last« mehr, auf ihn warten zu müssen, sondern eine Herausforderung für uns alle, etwas, das uns zusammenschweißt, das uns zur »verschworenen Gemeinschaft« werden lässt, denn in der Schule haben die anderen nichts davon erzählt, dass Jens einfach nicht mehr konnte.

Ich habe dann immer das Gefühl, dass das, was in der Geschichte »Emmaus« oder in dem Lied »Wo zwei oder drei in meinem Namen versammelt sind« erzählt und gesagt wird, Wirklichkeit geworden ist: Wenn wir Kommunionstunde hatten in den Wochen danach, dann konnten wir spüren, dass Jesus tatsächlich bei uns ist. Wir haben gemerkt, dass wir einen Weg zusammen gegangen sind, dass wir etwas mit unserem Körper erfahren und mit dem Kopf kapiert hatten, was uns kein Buch dieser Welt beibringen kann, nämlich dass wir eine Gemeinschaft geworden waren, in der wir spürten, dass Jesus »mitten unter uns« ist.

Im Kommunionunterricht ging es dann ganz oft so, dass wir eine Geschichte aus der Bibel gelesen haben, zum Beispiel die vom verlorenen Sohn, und einer sagte: »*Das ist wie mit Jakob und Flo, als sie im Klettergarten die schwere Route klettern wollten!*«

WENN DU AN DEINE KOMMUNIONVORBEREITUNG DENKST ODER AN ANDERE DINGE, DIE DU SCHON MAL ERLEBT HAST, FÄLLT DIR DA AUCH AUF, DASS ES IN DER BIBEL EINE ÄHNLICHE GESCHICHTE GIBT? ● SCHREIB DOCH MAL AUF, WAS DAS WAR UND WELCHE GESCHICHTE AUS DER BIBEL DIR DAZU EINFÄLLT!

Ich war einfach verblüfft, wie leicht es auf einmal wurde, die Geschichten in der Bibel zu verstehen, wie viel diese Geschichten, die vor fast 2000 Jahren geschrieben wurden, noch immer mit unserem Leben zu tun haben. **Wir hatten das Gleiche erlebt wie Jesus - das war schon ein tolles Gefühl!**

Deine Ursel

DAS BESTE KOMMT ZUM SCHLUSS

ODER: WARUM NACHFREUDE GENAUSO SCHÖN IST WIE VORFREUDE

Hallo, ich bin's nochmal, Flo!

Heute zum letzten Mal. Ich wollte dir noch erzählen, wie es mit unserem Grillen nach dem Klettergarten war. Also: Eine Woche später haben wir uns dann noch mal getroffen, diesmal mit unseren Eltern, obwohl da ja eigentlich schon »richtiger« Kommunionunterricht sein sollte.

Ich hab mich total gefreut, die anderen zu sehen. Wir haben uns natürlich auch in der Schule getroffen, aber irgendwie war das was anderes. Gleich als wir da waren, haben wir angefangen zu erzählen von letzter Woche. Und da hab ich erst mal gemerkt, was ich alles schon vergessen hatte. Und auch, dass die anderen Sachen wussten, die ich gar nicht mitbekommen hab. Zum Beispiel das mit Jakob und Jens, dass der Jens den ganz fest gedrückt hat. Das hat mir auch nur die Jojo erzählt, als sonst keiner zugehört hat, ich glaub, dem Jakob war das ein bisschen peinlich.

Und dann kam der Hit: Die Hannah hat für jeden von uns ein Freundschaftsbändchen gemacht, das sie uns dann geschenkt hat. Und sie hat jedem eine Urkunde dazu gemalt, auf der stand, dass wir jetzt alle Mitglieder im Club der »Kletter-Kumpane« sind. Du weißt schon, das mit dem Brot teilen und so. Die Urkunde hängt direkt über meinem Schreibtisch, und alle haben darauf unterschrieben.

Unsere Grillfeier war toll, wir haben uns nochmal überlegt, was wir an dem Tag so erlebt haben, und das war ja schon jede Menge! Und dann hat uns die Ursel gefragt, was das denn wohl mit unserer Kommunion zu tun haben könnte. Sie hat uns die Geschichte mit den Gleichnissen von Jesus erzählt, das mit dem »Mit Gott ist es wie …«. Von da an war es voll einfach zu verstehen, um was es denn geht bei der Kommunion.

Als wir an dem Tag, an dem dann endlich die Kommunion war, da vorn am Altar standen und zum ersten Mal die Hostie in den Mund gesteckt haben, haben wir uns ganz heimlich angeschaut,

≫

Marie, Hannah, Jens, Ben, Jojo, Jakob und ich. Und wir haben gegrinst, wo wir doch eigentlich andächtig sein sollten. Aber wir wussten schon, dass wir jetzt echte Kumpane von Jesus sind und haben auch gemerkt: Jetzt ist er da!

Und du? Du bist doch jetzt auch ein Kumpan! Willkommen im Club!

Mach's gut, dein Flo

Liebes Kommunionkind,

natürlich will ich dir auch noch das Ende der Geschichte erzählen, denn bekanntlicherweise kommt das Beste ja zum Schluss.

Ich war ein bisschen gespannt, wie wohl das Grillen werden würde, ich wusste nicht so ganz: Hatte es denn auch allen wirklich gefallen? Ich hatte am nächsten Tag doch ein paar blaue Flecken von den Bäumen und den Karabinern, und deshalb hab ich überlegt: Ob Jens am nächsten Tag nicht krank war, weil es so anstrengend war? Und ob Ben nicht zu Hause die Horrorgeschichten darüber erzählt hat, wie gefährlich das war? Ich hatte extra die Eltern mit dazu eingeladen. Das war mir wichtig, denn sie hatten mir das Vertrauen geschenkt, dass ich gut auf ihre Kinder aufpasse, und ich wollte, dass sie dann auch bei der Feier dabei sind.

Als dann alle ums Feuer saßen, kam ich mir fast vor wie auf einem Gänsehof, so ein Geschnatter gab's da. Ich wusste gar nicht mehr, dass wir SO viel erlebt hatten an dem Tag! Jedenfalls wollten unsere Kommunionkinder gar nicht mehr aufhören mit erzählen. Ich hab mich total gefreut, dass es also wirklich für alle schön war. Zum Teil kamen sogar die Eltern zu mir und haben sich bedankt. Die Mama von Ben sagte zu mir: »*So was Tolles hat Ben noch nie gemacht, jedenfalls hat er mir das erzählt. Ich bin ganz schön stolz auf ihn, dass er das geschafft hat. Insgeheim hatte ich Bedenken, ob er sich das wirklich traut. Ich weiß, dass er gern ein bisschen dick aufträgt, aber ich kenne ihn und weiß, dass er manchmal von sich selbst gar nicht so viel hält.*« Und die Mama von Marie konnte gar nicht glauben, dass wir von ihrer Tochter sprechen, als wir ihr erzählten, dass sie wie ein Eichhörnchen zwischen den Zweigen geturnt hatte.

Dieser Tag hat uns wirklich alle verändert. Und alles das, was ich dir am Anfang schon erzählt habe, nämlich was das wohl mit der Kommunion zu tun hat, das haben wir plötzlich nicht nur im Kopf gewusst, sondern in uns gespürt:

Wir waren eine »Seilschaft« geworden, eine Gemeinschaft, in der einer für den anderen da ist. Wir hatten uns gegenseitig geholfen, als es schwierig wurde, wir hatten uns gegenseitig gehalten, als einer nicht mehr konnte. Besonders schön fand ich die Idee von Hannah, für jeden ein Freundschaftsbändchen zu knüpfen. So konnte jeder die Erinnerung daran ganz sichtbar bei sich tragen, wir hatten sozusagen unsere »Seilschaft« verlängert: alle trugen sie am Arm. Das Freundschaftsbändchen wurde so was wie unser Erkennungszeichen, die meisten haben es auch heute noch um.

Wir waren zu »Kumpanen« geworden, wir hatten nicht nur unser Brot geteilt, sondern auch gespürt, dass man nicht weniger hat, wenn man was gibt, sondern eigentlich mehr. Wir hatten sogar noch mehr geteilt: ein Stück Weg, ein Abenteuer, gute und schlechte Erfahrungen, unsere eigene Stärke und unseren eigenen Mut und auch den von den anderen, wenn uns selbst der Mut ausgegangen ist.

HAST DU EINE ERINNERUNG, EINEN GEGENSTAND, EIN LIED, EIN GEDICHT ... AUS DEINER KOMMUNIONGRUPPENZEIT, DAS DIR BESONDERS WICHTIG IST? ➲ **DANN SCHREIB ES HIER AUF, KLEB ES EIN, ... GANZ WIE DU WILLST.**

WELCHE ERINNERUNG HAST DU DARAN? WARUM IST ES DIR WICHTIG?

Ich fand es ganz wichtig, dass es am Ende dieses Abenteuers auch noch so was wie ein Fest gab. Man feiert ja eigentlich immer, wenn es einen freudigen Anlass dazu gibt, z.B. einen Geburtstag oder eine Hochzeit, eine Geburt usw. Eigentlich feiert man dann ja, weil man dankbar ist: dass ein Kind geboren wurde, dass man schon so lange auf der Welt sein darf, dass sich zwei gefunden haben und so lieb haben. Und dankbar war ich (und sicher nicht nur ich!), dass alles gut gegangen ist an diesem Tag, dass sich niemand verletzt hatte, dass es keinen Streit gab, dass alle das Vertrauen und den Mut hatten, mitzumachen. Deshalb haben wir ganz am Schluss, ehe alle nach Hause gegangen sind, auch Gott noch danke dafür gesagt, dass er seine Hand über uns gehalten hat. Und dann haben wir zusammen eines meiner Lieblingslieder gesungen: Unser Leben sei ein Fest!

♫ LIED ➡ UNSER LEBEN SEI EIN FEST

1. Un-ser Le-ben sei ein Fest, Je-su Geist in un-se-rer Mit-te, Je-su Werk in un-se-ren Hän-den, Je-su Geist in un-se-ren Wer-ken.

Kv Un-ser Le-ben sei ein Fest, in die-ser Stun-de und je-den Tag.

2. Unser Leben sei ein Fest, Jesu Hand auf unserem Leben, Jesu Licht auf unseren Wegen, Jesu Wort als Quell unsrer Freude. Unser Leben …
3. Unser Leben sei ein Fest, Jesu Kraft als Grund unsrer Hoffnung, Jesu Brot als Mahl der Gemeinschaft, Jesu Wein als Trank neuen Lebens. Unser Leben …

- -

Und ganz ähnlich, wie es an dem Tag im Klettergarten und beim Grillen zuging, war dann auch der restliche Kommunion-unterricht und das Fest der Kommunion am Ende. Man hätte fast sagen können: Mit dem Kommunionunterricht ist es wie mit dem Kletterpark: Wir haben ganz viel zusammen erlebt und sind zu einer richtigen Gemeinschaft zusammengewachsen. Wir haben nicht nur gehört, sondern sogar erlebt, was in der Bibel steht, und gespürt, dass Jesus bei uns ist. Und mit der Kommunion ist es wie mit dem Grillfest am Ende: Wir waren dankbar für all das, was wir zusammen gemacht haben, dafür, dass uns nichts passiert ist, dafür, dass unsere kleine Gemein-schaft an diesem Tag aufgenommen wurde in die große Ge-meinschaft der Christen. Und dass wir Kumpane Gottes werden konnten – wenn das alles mal kein Fest wert ist!

Ich hoffe ganz fest, dass du mit deiner Kommuniongruppe auch eine ganz tolle Zeit hattest. Vielleicht wart ihr nicht im Kletter-park, aber ihr habt sicher auch eine ganze Menge zusammen erlebt. Wenn du magst, kannst du jetzt noch ein bisschen was zu deiner Kommunion schreiben und einkleben, damit du ähnlich wie wir bei unserem Klettern nie vergisst, was für ein tolles Erlebnis deine Kommunion war. **Und vielleicht auch, wie sie dich verändert hat.**

Mach's gut! Deine Ursel

HAST DU NOCH BILDER VON DEM TAG DEINER ERSTKOMMUNION?
➡ **KLEBE HIER EINES EIN, DAS DIR BESONDERS GUT GEFÄLLT!**

Liednachweis

Wo zwei oder drei in meinem Namen versammelt sind
Text: Mt. 18,20; Melodie: Kommunität Gnadenthal
© Präsenz-Verlag, Gnadenthal

Den Weg wollen wir gehen
Text: Hans-Jürgen Netz; Melodie: Oskar Gottlieb Blarr
© Gustav Bosse Verlag, Kassel

Wie ein Fest nach langer Trauer
Text: Jürgen Werth; Melodie: Johannes Nitsch
© 1988 SCM Hänssler, 71087 Holzgerlingen

Wo ein Mensch Vertrauen gibt
Text: Hans-Jürgen Netz; Musik: Fritz Baltruweit,
aus: Ökumene heute, Mein Liederbuch 2,
alle Rechte im tvd-Verlag Düsseldorf

Brich auf, bewege dich
Text: Thomas Laubach; Musik: Thomas Quast,
aus: Ruhama - Liederbuch, 1994,
alle Rechte im tvd-Verlag Düsseldorf

Unser Leben sei ein Fest
Text: Josef Metternich Team; Musik: Peter Janssens,
aus: Wir haben einen Traum, 1972,
alle Rechte im Peter Janssens Verlag, Telgte-Westfalen